Rita Menge
—
57,3 Rätsel aus Japans Alltag

Rita Menge

57,3 Rätsel aus Japans Alltag

Kuriositäten zwischen
Wahnsinn und Vernunft

Königshausen & Neumann

Bibliografische Information der Deutschen Nationalbibliothek

Die Deutsche Nationalbibliothek verzeichnet diese Publikation in der Deutschen
Nationalbibliografie; detaillierte bibliografische Daten sind im Internet
über http://dnb.d-nb.de abrufbar.

2., durchgesehene Auflage 2020
© Verlag Königshausen & Neumann GmbH, Würzburg 2019
Gedruckt auf säurefreiem, alterungsbeständigem Papier
Umschlag: skh-softics / coverart
Umschlagabbildung: Tiraimi: Siebenhundertdreiundfünfzig;
#127573788 © Fotolia.com
Alle Rechte vorbehalten
Dieses Werk, einschließlich aller seiner Teile, ist urheberrechtlich geschützt.
Jede Verwertung außerhalb der engen Grenzen des Urheberrechtsgesetzes ist
ohne Zustimmung des Verlages unzulässig und strafbar. Das gilt insbesondere
für Vervielfältigungen, Übersetzungen, Mikroverfilmungen und die Einspeicherung
und Verarbeitung in elektronischen Systemen.
Printed in Germany
ISBN 978-3-8260-6749-5
www.koenigshausen-neumann.de
www.libri.de
www.buchhandel.de
www.buchkatalog.de

Für meine Mutter

Sie ist für uns alle ein Vorbild
und eine große Inspiration.

Vorwort

Japan ist ein Mysterium. Es ist einfach völlig anders als jedes andere Land, wovon auch die Japaner selbst fest überzeugt sind. Selbst nach vielen Jahren Kontakt mit der japanischen Kultur entdeckt man immer wieder Rätselhaftes, Lustiges, Erstaunliches, Kurioses und Beeindruckendes. Sehr oft bedauert man es auch, dass die eine oder andere Idee nicht im Ausland zu finden ist.

Seit zwei Jahren lebe ich wieder in Japan, nach einem fünfjährigen Aufenthalt in den neunziger Jahren und zahlreichen Geschäfts- und Urlaubsreisen. Beim Wiederankommen stellte ich schnell fest, dass ich fast täglich mit Dingen konfrontiert werde, die immer noch überraschend sind und mir oft ein Lächeln ins Gesicht zaubern. Da sich viele Menschen für Japan interessieren, fing ich an, Fotos zu machen und als Quiz an Freunde zu schicken. Bald entstand daraus die Idee, dieses Quiz in ein Buchformat zu bringen.

Interessanterweise konnten auch viele meiner japanischen Freunde und Bekannten relativ viele meiner Rätsel nicht lösen, was immer zu Erheiterung und Staunen auf beiden Seiten geführt hat.

Vielleicht fragen Sie sich: „Warum ausgerechnet 57,3 Rätsel?" Meine Absicht war, hier für alle interessierten Japanfans bereits das erste Rätsel zu stellen. Die Auflösung dieses Einstiegsrätsels folgt auf der nächsten Seite.

Freuen Sie sich auf 57 ausführliche Geheimnisse zum Mitraten, Grübeln und hoffentlich vielen überraschenden Momenten und interessanten Informationen beim Lesen der Auflösungen. Die drei Rätsel hinter dem Komma werden zu Beginn des Buches etwas kürzer behandelt und beschäftigen sich alle mit Zahlen.

Sie finden auf der rechten Seite jeweils ein Foto mit dem dazugehörigen Rätsel und auf der Rückseite des Fotos die Auflösung und einige Hintergründe und Erklärungen.

Die kursiv gesetzten Zeilen zu Beginn jedes Kapitels dienen der kurzen Aufklärung des Rätsels für eilige Leser.

Was hat es mit den Zahlen fünf, sieben, drei auf sich, die im Buchtitel verwendet wurden?

Sieben, fünf, drei auf japanisch *Shichi, Go, San* kennzeichnen das Alter, in dem sehr viele japanische Kinder von ihren Eltern zum Schintoschrein begleitet werden, um dort gemeinsam um Gesundheit und eine sichere Zukunft zu bitten.

Meist findet dieser Schreinbesuch jedes Jahr um den 15. November statt und insbesondere die Mütter und Großmütter kleiden sich in einen Kimono. Auch die Kinder werden traditionell gekleidet, aber da ein echter Kimono sehr teuer ist, wird die Kinderausstattung zu Anlässen wie diesen meist geliehen. Im Anschluss geht es mit der gesamten Familie zum Fotografen, damit diese schönen Momente festgehalten werden. Das kleine Mädchen auf dem Titelbild ist sicher ebenfalls auf dem Weg zum Kinderfest.

Was bedeutet dieses Zeichen?

Japaner fertigen auf diese Weise eine fünfstellige Strichliste an. Während wir vier Striche vertikal nebeneinander setzen und den fünften diagonal über diese Striche legen, zählen die Japaner auf ihre eigene Art und Weise. Dabei entsteht ein chinesisches Schriftzeichen, das die Bedeutung „korrekt" oder „vollständig" hat

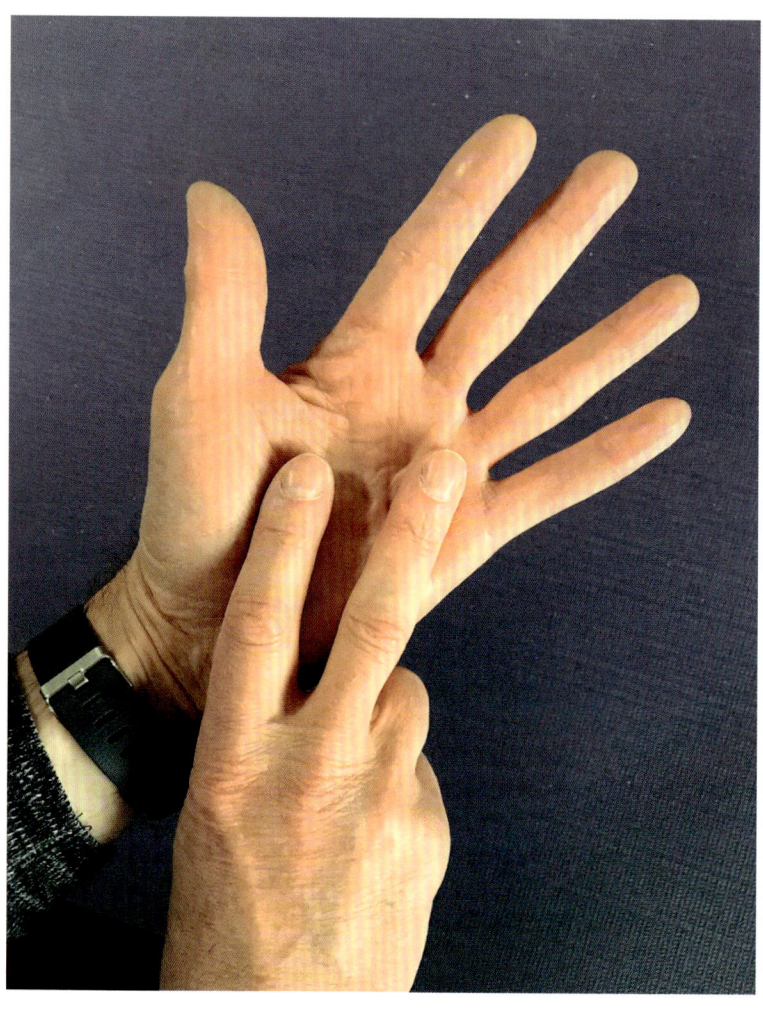
Was wird hier körpersprachlich angezeigt?

Japaner drücken auf diese nonverbale Art die Zahl sieben aus. Die eins wird durch einen hochgestreckten Zeigefinger symbolisiert, die fünf durch das Öffnen aller Finger einer Hand und von sechs bis neun werden einzelne Finger in die bereits geöffnete zweite Handfläche gelegt. Die zehn wird durch zwei geöffnete Hände ausgedrückt. Einen hochgereckten Daumen als Zähler für die Eins, wie in Deutschland üblich, wird komplett missverstanden. Diese Geste bedeutet einfach nur „perfekt, gut, cool".

Was ist das?

Das ist ein abschließbarer Schirmhalter. Solche Halterungen findet man vor vielen Geschäften, Restaurants, Behörden und öffentlichen Einrichtungen.

„Hilfe, es regnet und ich habe keinen Schirm dabei." Dieses Szenario ist für viele Japaner schlicht grauenvoll. Sie möchten einfach nicht nass geregnet werden, auch nicht ein kleines bisschen.

Es ist nicht nötig, bei bedecktem Himmel einen Schirm mitzunehmen, denn falls es tatsächlich zu regnen beginnt, kann man in sehr vielen Geschäften, beispielsweise in den sehr zahlreichen 24 Stunden Kleinsupermärkten, günstige Schirme für rund 3,00 € kaufen. Diese Schirme sind durchsichtig, was manchmal äußerst praktisch ist, vor allem beim Radfahren mit Regenschirm. Man kann den Schirm schützend vor sich halten und sieht trotzdem alles. Dies ist natürlich verboten, aber manchmal muss es einfach sein. Wenn man dann an seinem Ziel angekommen ist, gibt es nun zwei Möglichkeiten, mit dem nassen Schirm zu verfahren. Entweder kann man ihn kurz trocknen, dafür stehen dann spezielle Geräte zur Verfügung, durch die der Schirm mehrfach hin- und herbewegt werden muss, oder man wird gebeten, den Schirm in eine einfache Maschine zu stecken, in der er eine Plastikhülle erhält. Diese Maßnahmen dienen dazu, die Laufwege in Kaufhäusern trocken zu halten, um die Rutschgefahr zu minimieren, außerdem bleiben die Böden auf diese Art sauber.

Die zweite Möglichkeit besteht darin, beispielsweise an Veranstaltungsorten oder in manchen Restaurants, den vielleicht etwas hochwertigeren Schirm in eine Halterung, wie auf dem Foto abgebildet, zu schließen und den Metallschlüssel mitzunehmen. Dieser Service ist natürlich gratis.

Die Kriminalitätsrate in Japan ist sehr gering. Auch Diebstahl kommt relativ selten vor, aber falls die Schirme einfach alle zusammen in einem großen Schirmständer stehen, kann es vorkommen, dass sich jemand bei Regen einen Schirm nimmt. Dies wird nicht als Diebstahl betrachtet, geht es doch nur um einen billigen Schirm, den man dann meist an einer anderen Stelle wieder stehen lässt, sobald man ihn nicht mehr benötigt.

Der Betreiber der DyDo Getränkeautomaten hatte die Idee, solche Fundschirme aus der Bahn als „Mietschirme" an vielen seiner Getränkeautomaten im Falle eines plötzlichen Regengusses anzubieten. Die Kunden werden gebeten, die ausgeliehenen Schirme wieder zu einem Automaten zurückzubringen, was nach Firmenangaben in 70% der Fälle auch tatsächlich passiert – ohne Gebühr und auf Vertrauensbasis.

Was fehlt in diesem Laden?

In diesem Versuchskiosk in einem Tokioter Bahnhof gibt es keine Angestellten. Alles geschieht vollautomatisch.

Stellen Sie sich vor, Sie übernachten in einem Hotel und plötzlich ertönt aus dem Dunkeln eine Stimme und fragt Sie, wie sie Ihnen helfen kann. Dies ist mitten in der Nacht bestimmt ein Hallo-Wach-Moment. Dabei dachte der Kommunikationsroboter lediglich, Ihrem Schnarchen etwas erwidern zu müssen. Willkommen im *Henn na Hotel*, *Youtube*: Galileo „Das japanische Roboterhotel". Hier war das Konzept, fast sämtliche Dienstleistungen von Robotern ausführen zu lassen. Leider haben die Roboter am Ende durch etliche Fehlfunktionen doch genervt, sodass einige Maschinen auf Grund zahlreicher Beschwerden von Gästen stillgelegt wurden.

Der Einsatz von unterstützender Technik wird in Japan an vielen Stellen getestet und im abgebildeten Laden macht der Kunde alles selbst und zahlt beispielsweise mit der *Suica*, einer bahneigenen Geldkarte, die ohnehin fast jeder Japaner besitzt. Zugang erhält man nur, wenn man eine gültige Karte an ein Lesegerät hält. Im Laden selbst gibt es Dutzende Kameras an der Decke und den Regalen, die aufzeichnen, was der Kunde aus dem Regal nimmt. Vor Verlassen des Kiosks hält man seine Karte wieder an ein Lesegerät, erhält eine Quittung und verlässt das Geschäft. Im Moment ist dieser Kiosk in einer zweimonatigen Probephase und bietet nur ein relativ kleines Sortiment an. Außerdem erklären sechs Mitarbeiter den interessierten Kunden den Vorgang. Dies wird sich sicher bald ändern und nach und nach wird man sich in Tokio daran gewöhnen, sich im Supermarkt komplett selbst zu bedienen.

Die japanische Wirtschaft wächst seit Jahren eher unbemerkt wieder moderat und stetig, die Arbeitslosigkeit lag zuletzt bei 2,2% und auf 100 Arbeitssuchende kommen 163 Stellen. Viele Industriezweige suchen seit Jahren händeringend neue Arbeitskräfte, und schon heute sieht man vor allem in kleinen Supermärkten und Restaurants viele ausländische Mitarbeiter.

Im April 2019 tritt ein neues Gesetz in Kraft, das es ausländischen Arbeitskräften erleichtern soll, nach Japan zu kommen, um hier zu arbeiten. Zu den 1,28 Millionen ausländischen Arbeitskräften sollen weitere 500.000 dazukommen. Dann würde der langjährig konstante Ausländeranteil von rund 2% etwas ansteigen, was nicht allen Japanern behagt und auch im Parlament zu hitzigen Diskussionen führt.

Japaner haben kaum Vorbehalte, Roboter einzusetzen, beispielsweise Exoskelette, um schwere Lasten zu heben und auch in der Altenpflege, um dort die Arbeit zu erleichtern.

Was ist die Bedeutung dieses Steins?

Dies ist ein Power-Spot im Toshogu Schrein in der Stadt Nikko. Hier soll eine besondere Kraft zu spüren sein, durch die man körperliche und geistige Energie tanken kann.

„Du brauchst mehr Gäste? Dann stell einfach etwas in die Natur und nenn es Powerspot. Japaner sind verrückt danach" frei nach dem japanischen Spielfilm „50 first kisses".

Sie haben keine Zeit, einen dieser Orte aufzusuchen? Kein Problem! Bereits ein Foto eines Powerspots oder eines Prominenten, wie beispielsweise *Miwa Akihiro,* verhelfen zu mehr Energie. Einfach auf dem Sperrbildschirm des Smartphones hinterlegen, und schon hat dessen Besitzer mehr Glück und ein besseres Gefühl.

Seit vielen Jahren vertraut man in Japan auf besondere Orte, an denen auf den Besucher spirituelle Kraft übergehen soll. Japanische Radiosendungen, Fernsehberichte und Reisemagazine geben immer wieder neue Hinweise auf mystische Plätze. Sehr viele Orte in der Natur, die über eine besondere Atmosphäre verfügen, gelten als solche Plätze. Allen voran natürlich der *Fujisan* (Fujiyama), weitere Berge, Seen, Wasserfälle und Wälder, aber auch viele Tempel, wie der *Meji* Schrein in Tokio oder der zuvor genannte *Toshogu* Schrein in *Nikko*. Dieser Schrein liegt inmitten zahlreicher alter Bäume und er hat tatsächlich für viele Besucher eine ganz besondere Aura, die sicher dabei helfen kann, sich einfach besser zu fühlen. Wahre Jäger des Powerspots wissen jedoch, dass es hier noch einen ganz besonderen Ort gibt, nämlich diesen Stein. Der *Toshogu* Schrein wurde von *Tokugawa Ieyasu*, der Japan geeint und befriedet hat, bewusst als seine Grabstätte ausgesucht. Er hatte Astrologen und Gelehrte zu Rate gezogen und verfügt, dass seine Nachkommen hier einen repräsentativen Schrein bauen sollen. Um dem Wunsch *Ieyasus* nachzukommen, als nördlicher Polarstern auf *Edo* (alter Name für Tokio) schauen zu können, wurde das Haupttor genau von Westen nach Osten ausgerichtet. Der Polarstern galt in Asien als König der Sterne und stand in deren Zentrum. *Ieyasu* zog Linien zwischen seinem Geburtsort, einer seiner ersten Grabstätten (seine Grabstätte wurde mehrfach verlegt), dem Berg *Fuji,* dem Schloss in *Edo* und dem Ort seiner Beisetzung im *Toshogu* Schrein. So entstanden eine Ost-West-Linie und eine Süd-Nord-Linie, die bis zum Polarstern reichen sollen. Und genau dort, wo diese Linien zusammenlaufen, befindet sich dieser Stein. Japaner stehen Schlange, um kurz die besondere Kraft dieses Ortes zu spüren und sowohl von der Stärke *Ieyasus* als auch der Strahlkraft des Polarsterns zu profitieren. Nach Berichten soll sich der Körper beim Innehalten an diesem Ort erwärmen.

Warum gibt es hier im großen Stil rote Unterwäsche zu kaufen?

In Japan bekommt man zum sechzigsten Geburtstag sehr viele rote Dinge geschenkt, auch rote Unterwäsche soll man ab jetzt tragen.

Touristen aus aller Welt besuchen das Stadtviertel *Harajuku* in Tokio, um die neusten Jugendtrends zu bestaunen, Crêpes zu essen, sich dabei zu fotografieren und dies dann anschließend in den sozialen Netzwerken zur Schau zu stellen. Touristen aus ganz Japan kommen in das Stadtviertel *Sugamo* in Tokio, um die neusten Modetrends für Ältere zu bestaunen, leckere Hausmannskost zu essen und um rote Wäsche zu kaufen. Es ist eben das „*Harajuku* der alten Damen und Herren".

In erster Linie kann man hier alles im selben Rotton kaufen, von Unterhosen, Unterhemden, Socken bis hin zur Kopfbedeckung.

Auf die Frage, warum rote Unterwäsche und die Farbe Rot im Allgemeinen so beliebt bei Japans Rentnern ist, gibt es mehrere Antworten. Zunächst einmal soll die Farbe Rot lediglich Glück bringen. Anderen Meinungen zufolge soll sie gemäß der chinesischen Medizin einen Energiepunkt am Bauchnabel stimulieren, was wiederum angeblich den Kreislauf stärkt und dadurch den Körper wärmt. Einen psychologischen Effekt hat die Farbe Rot natürlich ebenfalls, sie steigert Behauptungen zufolge das Wohlbefinden und spendet Kraft.

In der asiatischen Kulturgeschichte finden sich tatsächlich auch Erklärungsansätze für dieses Phänomen. Die Japaner sind der Meinung, dass man mit seinem sechzigsten Geburtstag sein Leben sprichwörtlich neu beginnt, man befindet sich in der sogenannten Phase des *Kanreki* (Rückgang zum Beginn des Kreises). Dies wird im japanischen Online Lexikon „*Wadoku*" damit erklärt, dass sich im chinesischen Kalender die Zyklen von zehn Kalenderzeichen und zwölf Tierkreiszeichen überlagern und nach sechzig Jahren wieder gemeinsam von neuem beginnen. Ein Sechzigjähriger fängt demnach sein Leben wieder neu an, wie ein Baby. *Akachan* (Baby) bedeutet wörtlich übersetzt aus dem Japanischen Kleine Rote, was die Verbindung zu der Farbe Rot am sechzigsten Geburtstag erklären könnte. Für den Sechzigjährigen beginnt traditionell ein neuer Lebensabschnitt, in dem er seine familiären Aufgaben an seinen ältesten Sohn übergibt und er selbst in ein sorgenfreies Leben mit weniger Verantwortung startet.

Was steht vor diesem Hauseingang?

Dies ist ein typischer Hausschmuck, der ab Ende Dezember bis zum siebten Januar überall in Japan zu sehen ist. Er dient dazu, die Geister der Ahnen und wohlwollende Götter zu begrüßen.

Reisender, kommst Du nach Japan, dann solltest Du ganz genau überlegen, ob Du dies zur Jahreswende tun möchtest. Tokio ist eine pulsierende Weltstadt, ein überdimensionaler Gourmettempel und ein Einkaufsparadies? Ja, aber...

Manchmal liest man in Reiseführern irgendwo versteckt, dass Neujahr der wichtigste Feiertag des Jahres ist. Nun denkt der erfahrene Reisende sicher, dass das ja interessant sei, ihn aber nicht weiter zu interessieren brauche, da ja auch an den zahlreichen anderen Feiertagen im Jahr für die Besucher Tokios alles seinen gewohnten Gang geht. Die Feierlichkeiten rund um den Jahresbeginn stellen hier allerdings eine extreme Ausnahme dar. Selbst große Designermarken haben plötzlich geschlossen, jedes bessere Restaurant schließt für etwa eine Woche und selbst Schnellrestaurants, Reinigungen, Fitnessstudios und Bars haben einige Tage Urlaub. Kurz gesagt liegt Tokio im jährlichen Tiefschlaf, da jeder versucht, zurück in seine Heimat zu reisen, um mit der ganzen Familie, die aus allen Himmelsrichtungen zusammen kommt, ein paar ruhige Tage zu verbringen. Sehr viele Firmen schließen für rund eine Woche und auch die Mitarbeiter kleinerer Betriebe möchten unbedingt Urlaub haben. Natürlich sind deshalb Fernzüge und Flugzeuge lange im Voraus ausgebucht.

Es gibt unzählige Neujahrsbräuche, die man unbedingt befolgen muss und noch mehr Neujahrsspeisen, die man unbedingt essen sollte, um im Neuen Jahr Glück zu haben.

Die Türdekoration auf dem Foto nennt sich *Kadomatsu* (Tür aus Pinie) und soll die Geister der Ahnen begrüßen, sowie den Göttern für die Ernte danken. Sie steht als Paar rechts und links vom Eingang und verkörpert Mann und Frau.

Sehr wichtig ist es, jeden, den man im Neuen Jahr zum ersten Mal trifft, richtig zu begrüßen: *Akemashite omedetou gozaimasu. Kotoshi mou yoroshiku onegai shimasu* (Glückwunsch zum neuen Jahr, bitte seien Sie mir wieder wohl gesonnen). Das ist Japanern unter Freunden zu lang und formell und so entstehen auch coole Kurzversionen, wie: *Akeome kotoyoro*

Was soll man hier tun?

Dieser, für Touristen angebrachte Hinweis ist leider nicht für jeden so klar wie gedacht: Er bittet darum, das gebrauchte Toilettenpapier in die Toilette zu werfen und nicht in den Papierkorb.

Falls Ihnen in Japan ein Ausländer mit einem großen Wasserfleck auf der Kleidung begegnet, ist er vielleicht Opfer einer Toilette geworden. Piktogramme sind eine super Sache, solange ihre Bedeutung eindeutig ist. Leider werden manche Zeichen nicht von allen Kulturen verstanden. Da viele Touristen die Zeichen auf den Tastenfeldern der Toiletten nicht richtig deuten können, testen sie deren Funktion sicherheitshalber oft erst einmal, während sie vor der Toilette stehen, mit dem oben beschriebenen Ergebnis. Diesem Problem ist man bei den Toilettenherstellern durch eine Umfrage auf den Grund gegangen und 2017 beschlossen die führenden Unternehmen, die Symbole auf den Toiletten zu vereinheitlichen. Es gab eine große Pressekonferenz, bei der zehn gestandene japanische Manager ein Schild mit den neuen Toilettensymbolen freundlich lächelnd in die Kamera hielten. Wer die Schriftzeichen der Spülung für „groß" und „klein" nicht kennt, soll nun mit einem großen und kleinen Wasserwirbel zur Spültaste geführt werden. Ehrlich gesagt erinnern diese Zeichen eher an Windaufkommen.

Daneben gibt es viele weitere Symbole, die zur besseren Verständlichkeit für Besucher geändert werden sollen. Insgesamt wurde bereits darüber nachgedacht, 90 Zeichen zu erneuern. Etwas skurril mutet auch der neue Vorschlag für das Zeichen *Onsen* (heiße Quelle) an: Bisher war dies durch drei geschwungene Linien in einer Art Zuber gekennzeichnet. Nun sollen in diesem Zuber noch drei Personensilhouetten sitzen. Bei ersten Umfragen wurde die Meinung geäußert, dass das alte Zeichen wie eine Nudelsuppe aussähe und das neue wie Nudelsuppe mit Menschen darin. Der Widerstand, das alte Zeichen zu ändern ist auch bei Japanern sehr groß. Hier ist die Neufindung wohl noch nicht so ganz gelungen und abgeschlossen.

Als Schüler der japanischen Sprache stellt sich dieselbe Frage wie beim Foto: „Warum ist über meine gesamte japanische Hausaufgabe ein großer roter Kreis gemalt?" Hoffentlich stellt sich diese Frage möglichst oft, denn dann ist die Aufgabe richtig gelöst. Leider kann sich der aus dem Westen kommende Schüler wahrscheinlich nicht freuen, weil er die Bedeutung des Zeichens nicht kennt. Das Kreuz bedeutet *Batsu* (Nein/schlecht) und der Kreis bedeutet *Maru* (Ja/gut). Auch als *Emoji* bei WhatsApp gibt es diese beiden Zeichen und daneben eine größere Anzahl weiterer Zeichen, die man leider nur als Japaner auf Anhieb richtig deuten kann.

Was soll man mit diesem Knopf machen, der auf dem Tisch in einem Restaurant angebracht ist?

Mit diesem Knopf kann man die Bedienung rufen, wenn man sich für eine Bestellung entschieden hat.

Japanische Restaurants sind ein wahrer Hort der Effizienz. Das beginnt beim Betreten des Lokals: Man wird sofort in Empfang genommen, gefragt, ob man Raucher oder Nichtraucher sitzen möchte, wie viele Personen am Essen teilnehmen und schon wird man zum Platz gebracht. Dort angekommen, nimmt man Platz und erhält direkt die Speisekarte. Nun hat man Zeit, sich etwas Passendes auszusuchen und ruft dann den Kellner wahlweise mit einem gut vernehmbaren *Sumimasen* (Entschuldigung) oder man findet diesen praktischen Klingelknopf vor, den man einfach drückt. Sofort kommt ein Angestellter, nimmt die Bestellung auf, wiederholt diese zur Bestätigung und gibt sie sofort an die Küche weiter. Je nach Restaurant dauert es nun zwischen zwei Minuten bis maximal 15 Minuten, bis man die ersten Speisen vor sich hat. Besonders schnell geht es bei Gerichten wie Curry oder Nudelsuppen, da diese bereits vorbereitet sind und beispielsweise nur noch die Nudeln kurz frisch gekocht werden. Sehr oft wird in Japan in offenen Küchen gekocht, so dass man die Zubereitung seiner Mahlzeit sehen kann. Speisen, die direkt frisch zubereitet werden müssen, wie *Sushi*, *Tempura* (frittiertes Gemüse), *Okonomiyaki* (Pfannkuchen) oder *Yakitori* (gegrillte Spieße) lassen sich schnell herstellen und sind der japanische Beweis dafür, dass Fast-Food nicht gleichzusetzen ist mit minderwertiger Qualität. Gegessen wird im Regelfall ebenfalls schnell, dann bezahlt man oft am Ausgang und verlässt das Restaurant wieder. Vor allem, wenn sich lange Warteschlangen vor einem Restaurant gebildet haben, verlangt es auch die Etikette, dass man nicht länger als nötig bleibt.

Manchmal möchten natürlich auch Japaner (oder Ausländer) etwas mehr Zeit im Restaurant verbringen, z.B. wenn sie mit Freunden oder Familie unterwegs sind, dann vergessen sie die Zeit vielleicht auch einmal. In einem solchen Fall kann es passieren, dass man darauf hingewiesen wird, dass die üblichen zwei Stunden überschritten sind und man doch den Platz bitte für die folgenden Gäste frei machen soll. Für Japaner ist dies kein Problem, sie ziehen dann einfach weiter in die nächste Kneipe oder Bar. Ausländer finden diese Regelung oft etwas unpassend, aber viele Wirte in Japan sind darauf angewiesen, dass die Plätze mehrfach besetzt werden, um genügend Umsatz zu machen.

Warum gibt es mitten in Tokio ein balinesisches Hotel?

Dies ist ein sogenanntes Love Hotel, das balinesische Inneneinrichtung verspricht. Hier kann man von 11:00 Uhr am Morgen bis 23:00 Uhr am Abend nur stundenweise Zimmer mieten.

Soll es das Raumschiff, das nachempfundene Zugabteil oder doch lieber die Disney-Version sein? Touristen suchen oft nach einem besonderen Erlebnis, hier ist es zu haben: Eine Übernachtung in einem Stundenhotel. Manchmal ist eine Übernachtung im *Love Hotel* auch die letzte Chance für gestrandete Touristen, doch noch ein Bett für die Nacht zu finden, oft sogar günstiger als in einem regulären Hotel. Die angeblich besten *Love Hotels* für Reisende in Tokio werden sogar auf Internetplattformen gelistet.

In Japan findet man solche Stundenhotels manchmal völlig unvermittelt in einer unauffälligen Umgebung. Diese Hotels haben für die meisten Japaner nichts Anrüchiges, da sie sehr häufig von Menschen jeden Alters und unterschiedlichen Familienstandes genutzt werden. Die Häuser und Wohnungen sind auch heute noch beengt und hellhörig, zusätzlich ist es außer in den Großstädten noch immer wenig verbreitet, dass junge Paare vor der Heirat zusammen wohnen. Auch Ehepaare, die Kinder haben, besuchen mitunter ein *Love Hotel*. Die Gründe sind wahrscheinlich unterschiedlich: Zum einen die beengten Wohnverhältnisse, aber vielleicht erhofft sich der eine oder andere von der mitunter recht luxuriösen Ausstattung der Hotels mit ausgefallenen Bädern oder themenbezogenen Zimmern eine besondere Atmosphäre. Im Eingangsbereich sieht der Besucher die angebotenen Zimmer auf einem Display. Wenn man sich entschieden hat, drückt man einen Knopf und zahlt an einem Schalter, an dem man nur die Hände des Angestellten sieht. Auf dem Land sind viele *Love Hotels* komplett automatisiert, die Besucher kommen mit keinem Angestellten in Kontakt. Wahrscheinlich fürchtet man hier eher, erkannt zu werden, falls der oder die Begleiter/in doch nicht der Ehepartner sein sollte. Im Zuge der Olympiade 2020 fürchtet die Stadt Tokio, zu wenige Hotelzimmer für die Besucher zur Verfügung stellen zu können und hat damit begonnen, *Love Hotels* zu normalen Übernachtungsgelegenheiten umzufunktionieren. Vielleicht bedauert der eine oder andere Besucher diese Maßnahme und die Gelegenheit, mal ganz anders zu übernachten. Den Verantwortlichen sind die Stundenhotels aber wahrscheinlich einfach zu peinlich und man fürchtet schlüpfrige Berichte in der internationalen Presse. Tatsächlich haben bereits einige *Love Hotels* damit begonnen, ihr Konzept zu verändern und sich zumindest teilweise in übliche Billighotels für Geschäftsreisende zu verwandeln.

Was ist die Bedeutung der kleinen blauen Pfeile auf dieser Wasserflasche?

An dieser Stelle, gekennzeichnet durch die blauen Pfeile, öffnet man das Plastiketikett, um es zusammen mit dem Deckel zum Plastikmüll zu geben, die Flasche wird dann getrennt sortiert.

Mülltrennung ist unsexy und lästig! Das dachte ich auch, bis ich gelernt habe, Müll auf japanische Art zu trennen. Man muss es vielleicht einfach mit einem kleinen Mantra auf den Lippen und dem Gedanken an ein süßes Müllmaskottchen tun und schon geht es leichter von der Hand und ich wurde in Japan zu einer engagierten Mülltrennerin. Meist habe ich auch meine eigene Einkaufstasche dabei, was an Supermarktkassen oft für Überraschung sorgt.

Das Thema Müll ist in Japan ein außerordentlich schwieriges und ein wohl für kaum Jemanden komplett verständliches Thema. In Haushalten in Tokyo wird unterschieden, ob der Müll sich recyceln lässt oder nicht. Es gelten hier komplizierte Regeln. Die Tüte, in die das Obst verpackt wurde, ist sicher wieder verwertbar, aber wie ist es mit Plastikfolien? Wenn ich vom Briefumschlag das Plastiksichtfenster abtrenne, wohin gehört es – recycelbar oder Restmüll?

Wenn man sich aber immer wieder damit beschäftigt und die in jedem Haushalt vorhandenen Merkblätter beachtet, stellt man fest, dass dies alles wirklich Sinn macht. Nur wenn der Müll gesäubert ist und sorgfältig getrennt wird, lässt sich eine hohe Recycelquote verwirklichen. Ein Glas mit verschimmelter Marmelade oder einen fettigen Pizzakarton kann man nicht wieder verwerten. In Firmen gibt es bis zu zwölf unterschiedliche Behälter für den Müll, so wird beispielsweise bei Papier unterschieden, ob und wie es bedruckt ist.

Bei groben Verstößen gegen die Mülltrennung wird in Wohneinheiten schon mal ein Foto gemacht und am schwarzen Brett befestigt, mit Nennung des Stockwerks und des Datums.

Ausländischen Besuchern fällt immer auf, dass es auf den Straßen und Bahnhöfen so gut wie keine Abfalleimer gibt. Dies ist allerdings nicht der komplizierten Mülltrennung geschuldet, sondern man möchte einerseits keine Steuergelder für die Entsorgung individuellen Mülls aufwenden und andererseits möchte man seit dem Giftgasattentat im Jahr 1995 keine möglichen Verstecke für kriminelle Taten bieten. Die Japaner haben sich längst daran gewöhnt und werfen ihren Müll nicht einfach erbost auf die Straße, sondern nehmen ihn mit nach Hause, um ihn dort wegzuwerfen.

Die gute Nachricht ist außerdem: In Japan wird sehr viel Müll wiederverwertet, bei Getränkedosen liegt die Rückgabequote bei 95%.

Was ist die Bedeutung dieses weißen Kegels vor einem Restaurant?

Dies ist ein Häufchen Salz. Solche kleine Salzgebilde kann man sehr oft vor japanischen Restaurants sehen. Sie sollen vor bösen Geistern schützen.

Wozu soll Salz gut sein, außer zum Würzen von Speisen oder zur Verhinderung von Glatteis? In Japan kann es, kurz gesagt, einfach nicht schaden, mal ein bisschen Salz zu werfen oder aufzustellen. Falls Sie einmal bemerken sollten, dass Japaner plötzlich in oder vor ihrer Wohnung Salz streuen, bedeutet das, dass eine unangenehme Person anwesend war.

Salz hatte in der japanischen Kultur immer eine besondere Bedeutung, sicher auch der aufwendigen Gewinnung geschuldet. In vielen Ritualen, Traditionen und Bräuchen spielt Salz eine Rolle und auch im modernen Großstadtleben hat es noch immer eine große Bedeutung.

Wenn man durch japanische Städte spaziert, kann man immer wieder diese kleinen Salzkegel an Eingängen sehen. Die Bedeutung ist vielfältig, da man das Salz als Glücksbringer betrachten kann oder eben auch als Schutz der Örtlichkeit vor bösen Geistern.

Der Salzkegel stellt für die Kunden darüber hinaus ein Zeichen dar, dass dieses Restaurant Wert auf Sauberkeit und Tradition legt. Die Mühe, jeden Tag das Salz auszutauschen und in die Form des Kegels zu bringen, zeigt dem Gast ebenfalls an, dass hier viel Wert auf ein gut geführtes Geschäft gelegt wird. Eine andere Vermutung für das Auslegen von Salz oder das Bestreichen der Türschwelle mit Salz ist, dass in früheren Zeiten findige Betreiber von Restaurants und Geschäften mit dem ausgelegten Salz versuchten, die Pferde der Reisenden anzulocken, da Pferde gerne salzige Gegenstände ablecken.

Salz wird auch heute noch nach Beerdigungsfeierlichkeiten eingesetzt, um die Besucher rituell zu reinigen und dafür zu sorgen, dass keine unheilvollen Dinge in das eigene Haus gebracht werden.

Falls Sie ein Fan des japanischen Ringens *Sumo* sind, kennen Sie die Reinigung des Kampfrings durch Salz. Das Salz wird von den Kämpfern direkt nach Betreten des Rings schwungvoll auf den Boden geworfen, dadurch wird das Böse vertrieben und der Boden wird gereinigt. Daneben bittet man dadurch auch die Götter um Schutz vor Verletzungen.

Welches Datum zeigt dieses Schild?

Dieses Schild zeigt als Datumsangabe den 1. September 2018. Die Zahl 30 ganz links zeigt die japanische Zeitrechnung nach Kaiserjahren und 2018 ist hier das Jahr 30.

In Japan wird immer wieder einmal diskutiert, ob man den mutigen Schritt wagen soll, auch in offiziellen Dokumenten auf den westlichen Kalender umzustellen. Unruhen in der Bevölkerung wie Mitte der 19. Jahrhunderts, als der gregorianische Kalender eingeführt wurde, sind wohl nicht zu befürchten, aber heute fürchten die Verantwortlichen vielleicht einen virtuellen Sturm der Entrüstung.

Japaner benutzen seit 1872 den gregorianischen Kalender, der das bis dahin geltende, aus China übernommene luneare System ablöste. Allerdings gibt es auch heute noch viele Besonderheiten im Umgang mit dem Datum. Auf vielen offiziellen Unterlagen, z.B. Bankdokumenten, Führerscheinen oder Postunterlagen wird die Jahreszahl des zugehörigen Kaiserjahres angegeben, das heißt die Jahreszahl zeigt an, wie lange der jeweilige Kaiser in diesem Jahr auf dem Thron saß. Da diese Regierungszeiten naturgemäß relativ oft wechseln, wird noch als Zusatz der offizielle Name der Kaiserära angegeben, z.B. 2018 ist der Name der Kaiserära *Heisei*, die im Jahr 1989 begonnen hat und 2018 das Jahr 30 ausweist. Die Ära davor war *Showa* – 1926-1989, 1930 ist dann auf Japanisch *Showa* 5.

Dies ist aber nicht die einzige Besonderheit. In Japan benutzt man neben der Sieben-Tage-Woche auch noch den chinesischen Mondkalender. Dieser Kalender beinhaltet besondere Glücks- und Unglückstage, der ungünstigste Tag ist der *Butsumetsu*. An diesem Tag sollte man keine wichtigen Dinge tun. Der günstigste Tag ist der *Taian*, der große Sicherheit und Frieden verspricht. Dies ist der perfekte Tag für alle wichtigen Dinge, etwa eine Hochzeit. Richtig kompliziert wird es bei den vier anderen Tagen, hier kommt es auf die Tageszeit an, ob man sich etwas Wichtiges vornehmen sollte oder nicht. Beispielsweise der *Shakkou* ist ein eher unglücklicher Tag, außer in der Zeit zwischen 11:00 Uhr und 13:00 Uhr.

Vereinfacht gesagt, lässt sich der Umgang der modernen Japaner mit der Sechs-Tage-Woche mit der Angst vergleichen, dass Freitag der 13. Unglück bringen könnte. Da diese alten Bezeichnungen aber nach wie vor in fast allen Kalendern aufgeführt sind, nehmen vielleicht doch viele Japaner diese Prophezeiungen ernster, als sie sich selbst und anderen gegenüber zugeben möchten. Sicher ist sicher, denkt da auch der moderne Mensch und in Deutschland weiß jeder, dass es Unglück bringt, zu früh zum Geburtstag oder zum Neuen Jahr zu gratulieren.

Welches Getränk befindet sich in diesem Glas?

Das ist eiskalter Kaffee. Gerne wird er mit Eiswürfeln, Sirup und Milch getrunken.

In einer Kaffeekette in Tokio, bei 5°C Außentemperatur: „Ich hätte gerne einen Kaffee." „Möchten Sie ihn heiß oder kalt?" Verwirrung im Gesicht des Ausländers, Nachdenken, dann die genervte Antwort: „Heiß natürlich, ich bin Ausländer". Auch wenn sich sehr viele Trends der japanischen Küche im Westen durchgesetzt haben, kalter Kaffee ist für uns doch eher zum Gießen der Topfblumen geeignet als zum Trinken.

Bis Mitte der neunziger Jahre war Japan noch eine Nation der Teetrinker. Es war schwierig, überhaupt einen Kaffee zu bekommen und wenn, saß man in einem Kellerrestaurant, der Kaffee schmeckte seltsam und kostete ein kleines Vermögen. Selbst im Stadtteil *Shibuya* gab es nur zwei winzige Cafés. Plötzlich änderte sich die Situation, praktisch von heute auf morgen, aber was war geschehen? Die amerikanische Cafékette Starbucks hatte 1996 ihren Start auf den japanischen Inseln und vom Fleck weg waren die Starbucks Filialen angesagte Orte, an denen man sich sehr gerne mit Freunden traf oder auf einen Geschäftstermin wartete. An dieser Erfolgsgeschichte wollten die japanischen Unternehmen ebenfalls teilhaben und plötzlich gab es japanische Konkurrenz für Starbucks und praktisch an jeder Straßenecke ein angenehmes Café mit geschmackvollen Getränken und kleinen Snacks. Die bekanntesten japanischen Ketten sind *Pronto, Excelsior Caffé, Doutor, Tully's Coffee* und daneben viele kleinere Unternehmen. Starbucks besitzt aber mit 1363 Geschäften die weitaus meisten Cafés in Japan. In Deutschland waren es 2016 nur 158 Standorte.

Die Japaner waren also auf den Kaffee gekommen und wie so oft bei vielen anderen Produkten, drückten sie auch der Kaffeekultur ihren nationalen Stempel auf und tranken den Kaffee auch eiskalt, was wirklich lecker ist und perfekt in den heißen japanischen Sommer passt. Natürlich kann man Kaffee kalt und warm auch in den unzähligen Getränkeautomaten finden.

Mittlerweile gibt es in Japan, wie auch in vielen anderen Ländern, einen Kult um den Kaffee: auf alles wird genau geachtet und die Zubereitung gerät zu einer Kunstform: die Sorten, die Herkunft, die Art der Zubereitung, das Geschirr. Einen anderen Trend, den es in Japan in den siebziger Jahren zum ersten Mal gab, ist das Café, integriert in ein Geschäft, beispielsweise ein Bekleidungsgeschäft. Damals war es ein kleines Teehaus, heute kann man natürlich auch Kaffee in großer Vielfalt trinken.

Warum wird hier die Straße gegossen?

In Japan wässern in den heißen Sommermonaten viele Haus- und Restaurantbesitzer die Straßen vor ihren Gebäuden, um für eine leichte Abkühlung zu sorgen.

Ein großer Platz in Tokio, ein kleiner Menschenauflauf. Beim Näherkommen bemerkt man, dass alle Anwesenden Wasser auf den Platz kippen, zum Teil mit Plastikflaschen, zum Teil mit Hilfe von Holzkübeln und Holzkellen und schon fragt man sich mal wieder: „Was soll das?" *Youtube*: The Japan Times „Tokyo heats up and splashes down this summer with Uchimizu".

Für die heißen Sommer haben sich die Japaner schon vor vielen hundert Jahren etliche Strategien zur Kühlung erdacht. Eine davon ist das sogenannte *Uchimizu* (versprengtes Wasser). Hierbei wird, meist in den kühlen Morgenstunden oder in der Abenddämmerung, Wasser vor dem eigenen Haus oder Geschäft auf dem Gehweg und der Straße verteilt, um eine natürliche Kühlung zu erzielen und Staub zu binden. Formvollendet wird das Wasser im *Yukata* (Sommerkimono) in einem Holzkübel nach draußen gebracht, wo es mit Hilfe einer hölzernen Schöpfkelle auf die Straße gesprengt wird. Dabei achtet man darauf, dies nur vor dem eigenen Haus zu tun, da man den Nachbarn sonst in Verlegenheit bringen würde und er sich genötigt fühlen könnte, im Gegenzug die Gehwege der Nachbarn zu nässen. Natürlich kann man die Straße auch moderner wässern: mit einer Gießkanne, einer Plastikflasche oder einem Wasserschlauch.

Um diese alte Tradition nicht in Vergessenheit geraten zu lassen, gibt es in mehreren Städten jährlich Aktionen, bei denen die Bürger gemeinsam die Straße nässen. Hier achtet man darauf, Regen- oder Brauchwasser zu benutzen.

Im Jahr 2020 wird Tokio die Austragungsstätte der olympischen Sommerspiele sein und die Behörden machen sich Sorgen, dass es für manche Wettbewerbe, z.B. den Marathon, zu heiß sein könnte. Aus diesem Grund hat man die Methode des *Uchimizu* wissenschaftlich untersucht und festgestellt, dass der Boden und die Luft dadurch bis zu 5°C kühler wurden. Leider werden die traditionellen Schöpfkellen auf der 42,195 km langen Strecke nicht ausreichen, hier wird mit modernen Mitteln Wasser auf speziellen Belag gegossen, der das Wasser gut speichern kann.

Was würden Japaner hier (fast) niemals tun?

Japaner würden hier nicht baden und sei es noch so heiß im Sommer. Sie vermuten, dass hier böse Geister hausen.

Ist Ihnen schon mal der *Kappa* begegnet? Dann sollten Sie beim nächsten Kinobesuch ganz genau hinhören und hinschauen, denn er versteckt sich auch gerne mal in westlichen Filmen, wie beispielsweise in der Hollywood Produktion „Phantastische Tierwesen-Grindelwalds Verbrechen".

In Japan ist es im Sommer monatelang sehr heiß und drückend schwül. Da kann es vorkommen, dass man als Ausländer auf die Idee kommt, einen Ausflug an einen See zu machen, um sich abseits der total überfüllten Schwimmbäder Abkühlung zu verschaffen. Dort angekommen, stellt man aber sehr schnell fest, dass es keine befestigten Ufer oder Strände gibt, von denen aus man gut ins Wasser gelangen könnte. Man muss also fragen, z.B. in einem der vielen Souvenirshops, die es an jedem Ausflugsziel gibt. Dort herrscht zunächst ungläubiges Staunen, was Ausländern alles so in den Sinn kommt, gefolgt von Nachfragen, ob man wirklich im See baden möchte. Wenn man nun mit Nachdruck bestätigt, dass man tatsächlich gerne schwimmen gehen möchte, verfinstert sich die Miene und die Antwort lautet: Das ist nicht möglich, das ist zu gefährlich. Als Europäer denkt man nun an gefährliche Strudel oder Wasserverschmutzung, aber der Grund ist ein anderer. Im japanischen Volksglauben lebt in Flüssen und kleineren Seen das Monster *Kappa*, das sehr gefährlich ist. Natürlich sind Japaner aufgeklärte Menschen, aber sie denken wohl trotzdem: Sicher ist sicher.

Im japanischen Volksglauben finden sich sehr viele Geister, Gespenster, Dämonen, die auch heute noch allgegenwärtig sind. In *Anime* wie Prinzessin *Mononoke* finden sich viele japanische Geister, ebenso wie in Computerspielen wie *Pokemon*. Mit *Pokemon-Go* gab es 2016 plötzlich in weiten Teilen der Welt Jäger japanischer Geister. Die japanischen Sagen leben in all diesen modernen Erzählungen weiter.

Internationale Aufmerksamkeit erregten auch Erzählungen von Geistererscheinungen in *Ishinomaki*, wo 2011 durch den verheerenden Tsunami 6.000 Menschen starben. Taxi- und Busfahrer berichten von völlig gesund aussehenden Passagieren, die plötzlich verschwinden. In Japan nimmt man solche Geschichten sehr ernst und Mönche versuchen, betroffenen Menschen, die sich bedroht fühlen, zu helfen. Man glaubt daran, dass manche Menschen, die gewaltsam sterben, nicht zur Ruhe finden und versucht ihnen, mit bestimmten Ritualen zur ewigen Ruhe zu verhelfen.

Welche Art Armband trägt dieser japanische Angestellte?

Schmuck für Männer ist in Japan im Geschäftsleben verpönt, aber diese Art Armband hat es in die Büros geschafft. Es ist ein sogenanntes „Armband der Kraft und Stärke".

New-Age-Glaube, esoterische Strömungen, spirituelle Erscheinungen, Naturromantik, Mystik, Aberglaube, Naturgeister im Land des *Shinkansen*, der Bitcoin und des Prius? Aber natürlich! Japaner sind sehr vielschichtig und wenn es um Glück und Unglück geht, überlassen sie lieber nichts dem Zufall. Diese Armbänder sind eines von unzähligen Beispielen dafür.

Die japanische Geschäftswelt ist nach wie vor überwiegend konservativ und dazu gehört, dass Männer keinen Schmuck tragen sollten, außer einer Armbanduhr und dem Ehering. Plötzlich sah man aber in der Vergangenheit immer häufiger Steinarmbänder, auch an männlichen Handgelenken und dieser Trend setzt sich immer stärker durch. Wenn man Japaner fragt, was die Bedeutung dieser Armbänder ist, so erhält man Erklärungen wie: Das ist gut für den Fluss des Blutes, es gibt mir mehr Ruhe, es bringt Glück, es hilft mir bei geschäftlichem Erfolg, es nimmt Stress von mir. Verschiedene Steine stehen dabei für verschiedene Wirkung: Rauchquarz bringt Glück oder Achate schützen ihre Träger vor Gefahren. Diese positiven Wirkungen unterschiedlicher Steine kennt man natürlich auch in vielen anderen Teilen der Welt. Bereits im Mittelalter gab es Pilgerstätten mit Steindenkmälern und auch heute glaubt man in bestimmten Kreisen fest an die Heilkraft bestimmter Steine. Hier konzentriert man sich, anders als in Japan, weniger auf den positiven Effekt im Sinne der Kraft eines Talismans, viel mehr wird Hilfe bei Krankheiten in Aussicht gestellt.

In Japan haben die Steine einen anderen Ursprung: Sie sind verknüpft mit der Religion des Buddhismus. Im Buddhismus kennt man Gebetsketten und Gebetsarmbänder, diese werden benutzt, um die Wiederholungen beim Rezitieren zu zählen, z.B. wird der Name Buddhas rezitiert. In sehr vielen Tempeln in Japan kann man diese Armbänder kaufen. Die heute getragenen sind jedoch meist modische Accessoires, die mit der Hoffnung einhergehen, dass sie ein gewisses Glücksversprechen beinhalten. Die Grenzen zwischen Religion und New-Age-Glauben sind hier fließend. In einem Interview auf Youtube sieht ein taiwanesischer Mönch dies sehr gelassen und pragmatisch. In seinen Augen sagt das Tragen eines solchen Perlenarmbands, auch wenn es nicht religiös begründet ist: „Ich habe nichts gegen Buddhismus"

Youtube: „What does it mean to wear Buddha beads?" Master Sheng Yen

Warum haben diese Autos unterschiedlich farbige Nummernschilder?

In Japan ist es für die Gebühren und spezielle Regelungen sehr entscheidend, ob man ein normales Auto mit weißem Nummernschild oder ein leichtes Auto mit gelbem Nummernschild fährt.

Japan ist eine Autonation! Auch wenn viele junge Großstädter keinen Führerschein mehr erwerben, gibt es immer noch sehr viele Fans von allem, was vier Räder hat. Die Tuningszene ist berühmt berüchtigt und in manchen Vierteln in Tokio hat man das Gefühl, in Europa zu sein, da gefühlt jedes zweite Auto aus europäischer Produktion stammt, die Porsche-, Lamborghini-, Aston-Martin- und Ferraridichte ist beeindruckend. Diese Wagen zählen natürlich allesamt zu den „normalen Autos", die ein weißes Nummernschild tragen. Die Gebühr für den gesetzlich vorgeschriebenen Parkplatz in einer Tiefgarage, die schnell so viel kostet wie die Miete für eine kleine Wohnung, spielt dann sicher auch keine Rolle mehr.

Für den kleineren Geldbeutel gibt es eine japanische Besonderheit: Die *Kei-Jidosha*, leichte Autos, die mit einem gelben Nummernschild zugelassen werden. Für diese Wagen gibt es etliche gesetzliche Vergünstigungen. Beispielsweise muss man bei ihrer Zulassung keinen festen Parkplatz in der Nähe der Wohnung nachweisen, die Steuern und die Autobahngebühr sind geringer. Es ist genau festgelegt, welche Bestimmungen ein leichtes Auto einhalten muss: Unter 660 ccm Hubraum, Länge unter 3,39 m, Breite unter 1,475 m, Höhe unter 2,00 m. Seit 1949 gibt es die *Kei*-Autos, sie waren billiger und das sollte dazu beitragen, die Japaner nach dem Krieg schneller zu motorisieren. Bis 1990 war die Motorleistung nicht festgelegt, diese wurde dann aber auf 64 PS beschränkt. Die Kleinen machen etwa ein Drittel der zugelassenen Autos aus. Sie sind vollwertige Autos, oft mit hervorragender Ausstattung: Allradantrieb, Abstandssensor, ESP, Klimaanlagen, hydraulisch versenkbare Hardtops, Turbomotoren. Es gibt sie in allen Segmenten: Limousinen, Cabrios, Vans, Pick-Ups, SUVs. Zudem gibt es landwirtschaftliches Zubehör wie z.B. Mähbalken und natürlich Allradantrieb, auch die Polizei fährt sie mitunter. Manche dieser Modelle sind wiederum ein Objekt der Begierde bei Autoverrückten in anderen Ländern, wo es diese Autos meist nicht gibt.

2010 brachte Mitsubishi mit dem iMiEV das erste elektrische Miniauto auf den Markt. Es hat eine Reichweite von 100 km und lädt sich in 14 Stunden an der heimischen Steckdose auf, oder in 30 Minuten an einer speziellen Ladestation.

Youtube: Wall Street Journal: Japan's love for tiny „Kei Cars"
Witzige Werbung für den Daihatsu Wake: *Youtube:* TV-Nihon CM „Daihatsu Wake set of commercials"

Warum kostet diese Melone, angepriesen als „*Godzillas* Ei" 100 Euro?

Dies ist eine spezielle Wassermelone, die als Geschenk gedacht ist für Ochugen, eine Zeit für Geschenke im Sommer.

Nach dem Schenken ist vor dem Schenken. Japaner sind immer auf der Suche nach dem etwas anderen Präsent. Deshalb dachten sich die Werbetreibenden dieses Supermarktes wohl: „Warum also nicht mal ein Ei des *Godzillas* verschenken?".

Das Schenken ist in Japan sehr wichtig und es hat eine sehr lange Tradition. Es gibt zahlreiche Gelegenheiten, wo man Geschenke überreicht: Nach jeder Reise bringt man Mitbringsel für Kollegen und Freunde und bei vielen Treffen mit Kollegen und Bekannten bringt man eine Kleinigkeit mit, die am Ende überreicht wird. Natürlich stellt sich immer die Frage, was man schenken sollte und das ist in Japan ziemlich einfach: Dinge, die sich verbrauchen, also Naturalien. Sehr gerne verschenkt werden Süßigkeiten, z.B. japanische Reiskräcker, aber auch westliches Gebäck. Natürlich kann man diese Dinge in jedem Supermarkt günstig erstehen, aber das Geschenk sollte natürlich hochwertig sein. Deshalb achtet man beim Kauf von Geschenken auf ein exklusives Geschäft, z.B. wird in japanischen Filmen gerne ein Präsent des überaus berühmten Süßigkeitenhändlers *Toraya* überreicht. Dies sieht der Beschenkte sofort an der Tüte, die ihm überreicht wird und weiß, dass sich in der Tüte zwar eine Süßigkeit befindet, aber von exquisiter Qualität. Immer wieder hört man vom unglaublich teuren Obst in Japan. Dieses teure Obst gibt es tatsächlich, aber es ist eher nicht für den eigenen Verzehr gedacht, sondern wird verschenkt. Sehr beliebt sind deshalb im Sommer auch Obstkörbe mit besonders schönem oder ausgefallenem Obst, wie beispielsweise dieses „Ei des *Gozillas*" auf dem Foto. Melonen lassen sich wohl relativ leicht in unterschiedliche Formen bringen und so findet man in den Geschäften sehr ausgefallene Wassermelonen, z.B. in Kegelform, als Quadrat oder eben als Ei. Der Schenkende hofft natürlich, durch sein exklusives Geschenk in Erinnerung zu bleiben und auch vielleicht auf ein bisschen Wohlwollen des Vermieters, des Vorgesetzten oder der Verwandten. In der internationalen Geschäftswelt hat diese Art der Geschenke aber in den letzten Jahren deutlich abgenommen, auch in Japan ist Bestechung strafbar. Im eher privatem Umfeld erfreuen sich die Geschenke aber nach wie vor großer Beliebtheit. Bleibt noch die Frage, was das alltägliche Obst in Japan denn so kostet. Es ist tatsächlich auch ziemlich teuer: Ein größerer japanischer Pfirsich ca. 2,20 €, ein japanischer Apfel ca. 1,80 €, 1 kg japanische Wassermelone 3,50 €, eine australische Orange 0,80 €.

Dieses Zeichen bedeutet „Eis", aber welches Eis gibt es hier zu kaufen?

Hier gibt es eine japanische Spezialität, die lange Zeit als altmodisch galt, nun aber wieder sehr trendy ist: geschabtes Eis mit einem speziellen Topping „Kakigori"

Wer wäre bereit, eine beachtliche Summe für eine Speise auszugeben, die in der Hauptsache von einem gefrorenen Eisblock kommt? Sie haben es sich sicher schon gedacht: Die Japaner!

Die Sommer in Japan sind sehr heiß. 2018 wurde die bisher höchste Temperatur gemessen: 41,1°C. Selbst in der Nacht kühlt es wenig ab. Dies verlangt nach Abkühlung allerorten und wenn man dann plötzlich dieses Zeichen für „Eis" an einem Restaurant sieht, weiß man, dass es hier kein klebriges Speiseeis, sondern geschabtes Eis mit etwas Sirup gibt, das sich hervorragend zur Abkühlung eignet. Wie bei vielen Speisen gibt es hier große Unterschiede in der Qualität und Herstellung. Meist wird das Eis durch eine Maschine von einem Eisblock abgeschabt und dann mit Sirup einer bestimmten Geschmacksrichtung wie Erdbeere, Kirsch oder grüner Tee übergossen. Traditionell werden dazu *Anko* (süße rote Bohnen) und *Mochi* (aus Reis hergestellte Bällchen) gereicht.

Die Besonderheit dieses Desserts hat sich herumgesprochen und so wird es heute auch in vielen anderen asiatischen Ländern angeboten und westliche Spitzenrestaurants, die immer auf der Suche nach dem Besonderen sind, haben das Eis auch für sich entdeckt. Spitzenköche schwören auf die japanische Art, das Eis und die Toppings herzustellen, da in Japan ganz besonderes Augenmerk auf die Perfektion dieser an sich einfachen Speise gelegt wird.

Einerseits kann man *Kakigori* sehr günstig erhalten, es ist dann auch ungewöhnlich und lecker, aber Japan wäre nicht Japan, wenn es hierbei nicht auch Spitzenprodukte gäbe. Man kann Cafés finden, die sich auf *Kakigori* spezialisiert haben. Hier wird je nach Geschmacksrichtung das Eis unterschiedlich stark geschabt und die Fruchtsoßen sind hausgemacht, mit größter Sorgfalt und aus besten Zutaten. In vielen Cafés kann man bei der Zubereitung zuschauen. Das Eis erinnert in seiner filigranen Art ein wenig an Zuckerwatte und es fühlt sich im Mund locker und leicht an. Damit es nicht zu kalt ist, wird es vor der Verarbeitung für kurze Zeit aus der Gefriertruhe geholt und bei -5°C bis -1°C verarbeitet und serviert. Jede Portion muss einzeln nach Bestellung hergestellt werden, es ist also kein Dessert für Eilige. Allerdings bemängeln japanische Puristen, dass das Eis heute zu weich sei im Vergleich zum früheren Original und vermissen den früheren typischen Kältekopfschmerz, den *Kakigori* auslöste, frei nach dem Motto „Böses muss Böses vertreiben".

Was ist die Bedeutung dieses Armbändchens in einem Tokioter Restaurant?

Dieses Armband wird bei der Abgabe des Autos vor dem Restaurant am Handgelenk des Fahrers befestigt, um dem Personal anzuzeigen, dass er keinen Alkohol trinken darf.

Alkoholkontrollen kommen in Tokio selten vor und sind für Ausländer ziemlich lustig: Es wird ein Kontrollgerät in ungefähre Nähe des Mundes des Fahrers gehalten und dieser haucht möglichst flach und unauffällig daran vorbei, wenn er etwas zu verbergen hat. Hört sich komisch an, ist es auch und funktioniert meist im Sinne des Kontrollierten.

Die Gesetze in Japan zum Fahren unter Alkoholeinfluss wurden vor einigen Jahren drastisch verändert. Heute gilt die 0,3-Promille-Grenze, allerdings nur solange man keinen Unfall hat. Bei einem Unfall unter Alkoholeinfluss sind die Strafen sehr hoch: Beispielsweise bis zu 5 Jahren Gefängnis und eine Geldstrafe. Damit aber nicht genug, sehr viele Firmen haben eigene Regeln zum Fahren unter Alkohol, die hohe Disziplinarstrafen einschließen. Ungewöhnlich aus westlicher Sicht ist, dass keineswegs nur der Fahrer in der Verantwortung steht. Beifahrer müssen ebenfalls darauf achten, dass der Fahrer nicht getrunken hat und selbst Wirte werden zur Verantwortung gezogen, wenn man ihnen nachweisen kann, dass sie davon wussten, dass der Gast mit dem Auto unterwegs ist. Diese Regeln führen dazu, dass es immer wieder vorkommt, dass man beispielsweise ein „Fahrerarmband" erhält oder ein Schild um den Hals hängen muss, das klar ausdrückt: Keinen Alkohol für diese Person.

Viele Berufskraftfahrer müssen in Japan einen täglichen Atemtest vor Dienstantritt machen, beispielsweise auch Briefträger, die mit einem Moped die Post befördern. Diese Regeln haben dazu geführt, dass die Sorten an alkoholfreien Getränken sehr stark zugenommen haben. So finden sich auf fast jeder Getränkekarte nichtalkoholische Cocktails und alkoholfreies Bier erfreut sich großer Beliebtheit.

Leider haben all die Aufklärungsarbeit und die strengen Regeln nicht immer den gewünschten Erfolg, wie 2018 zwei betrunkene japanische Piloten belegen. Einer davon war schon auf dem Weg zu seinem Flugzeug-nach zwei Litern Bier und zwei Flaschen Wein schien er sich noch flugtauglich zu fühlen.

Wofür dienen diese kleinen Boxen?

Das beliebteste Haustier bei japanischen Kindern ist der Hirschkäfer und diese Box dient dem Transport der Käfer.

Ihre Kinder möchten ein Haustier? Wie wäre es mit einem Hirschkäfer?

In sehr vielen japanischen Wohnungen ist es verboten, Haustiere zu halten, aber Käfer sind pflegeleicht, machen keinen Lärm, wenig Schmutz und leben höchstens zwei Jahre lang. Perfekt, wenn die lieben Kleinen unbedingt ein Haustier möchten. Dazu kommt, dass es vor allem bei Jungs eine sehr alte Tradition ist, Käfer in der Natur selbst zu sammeln und diese sich dann im Ringkampf mit den Käfern der Freunde messen zu lassen. Japaner finden im Allgemeinen viele Insektenarten sehr spannend und das Sammeln von Insekten in freier Natur ist nach wie vor eine beliebte Freizeitaktivität in ländlichen Gebieten. Da das Sammeln heute in den Großstädten natürlich schwierig geworden ist, geht man hier einfach in einen Shop und sucht sich einen Käfer aus. Je nach Größe und Seltenheit reichen die Preise von rund 8 Euro bis in schwindelerregende Höhen. Da die Japaner sehr gerne wetten, bietet es sich natürlich geradezu an, Profiwettkämpfe durchzuführen. Die Käfer werden für solche Wettkämpfe mit speziellem Kraftfutter groß gezogen und sie werden für die Kämpfe trainiert. Der Ring und die Regeln ähneln denen der Sumo-Wettkämpfe: Gewonnen hat der Käfer, der den Gegner aus dem Ring schiebt oder ihn anhebt und fünf Sekunden lang in der Luft hält.

Wer es romantischer mag, sucht sich eine der zahlreichen Veranstaltungen aus, die versprechen, Glühwürmchen beobachten zu können. Das Glühwürmchen wird in Japan schon lange als Symbol leidenschaftlicher Liebe verehrt, bereits seit dem 8. Jahrhundert gibt es Gedichte, die sich diesem Thema widmen. Natürlich sieht man die magisch leuchtenden Insekten am besten in der freien Natur, aber selbst in der Großstadt Tokio gib es im Juni einige Festivals, die versprechen, an bestimmten Aussichtspunkten Glühwürmchen sehen zu können. Damit die extra angereisten Besucher auch wirklich ein Naturerlebnis haben können, werden zu den natürlich vorhandenen Glühwürmchen noch gezüchtete Exemplare in die Freiheit entlassen.

Wem das zu viel Aufwand ist, der kauft sich im Zoohandel einfach ein paar Leuchtkäfer für zu Hause und erfreut sich an ihrem Glimmen in der Dunkelheit.

Warum sind auf der Landkarte so viele Hakenkreuze abgebildet?

Die Swastika erinnert an ein Hakenkreuz, weist aber auf einen Tempel hin. Es ist ein buddhistisches Glückssymbol und man sieht es in sehr vielen asiatischen Ländern an Tempeln.

Immer wieder sind Besucher in Japan geschockt, wenn sie beispielsweise im Internet die Lage ihres Hotels suchen und plötzlich überall *Manji* (Hakenkreuze) auf der Straßenkarte sehen. Tatsächlich ist die Swastika aber ein in Japan seit mindestens 1600 Jahren bekanntes religiöses Glückssymbol, das man sehr oft auch an buddhistischen Tempeln sieht. Die älteste weltweit gefundene Swastika ist auf die Zeit von 10.000 v.Chr. datiert. Auch in Europa, Amerika und Afrika gab es Funde alter Zeichen. Üblicherweise zeigen die Arme des *Manji* im Vergleich zum nationalsozialistischen Hakenkreuz in die entgegengesetzte Richtung. Da aber viele Menschen sich sofort an das Hakenkreuz erinnert fühlen, gibt es regelmäßige Beschwerden von ausländischen Besuchern, was zur Folge hat, dass in Japan darüber diskutiert wird, das Zeichen von Straßenkarten zu entfernen. Japaner möchten bei ausländischen Besuchern keine Irritationen auslösen, aber das Entfernen der Zeichen aus Landkarten würde das Problem nicht lösen, denn in vielen Tempeln ist das Zeichen zu sehen, z.B. auf großen Tüchern, auf den Dächern durch unterschiedlich farbige Ziegel, sogar einen kleinen Teich in der Form der Swastika gibt es in einem Tempel. Das Zeichen wurde in Japan nie in einem diskriminierenden Zusammenhang benutzt, es war immer ein religiöses Glückssymbol.

Plötzlich ist das Zeichen der Swastika aber in neuester Zeit bei Jugendlichen in den Sprachgebrauch eingegangen und mit Hilfe der Kurzmitteilungsdienste populär geworden. 2016 war „*Manji*" das beliebteste Jugendwort unter japanischen Schulmädchen. Wie es genau eingesetzt wird und was es bedeutet, ist unklar. Jeder kennt den Begriff, aber es bleibt der Eindruck, dass er beliebig eingesetzt wird, wenn man herumalbern möchte, z.B. statt „Cheese" sagt man *Manji*, wenn ein Foto gemacht wird. Oft wird es in einem Wortspiel mit dem japanischen Wort für „echt?" „*Maji*" verwendet, daraus wird dann onomatopoetisch „*Maji Manji*". Japaner sind große Fans von Wortspielen und in der japanischen Sprache gibt es Hunderte solcher Lautmalereien.

Youtube: „What does this symbol mean to the Japanese" Asian Boss

Warum steht dieser Hocker in der Dusche?

In jedem japanischen Bad befindet sich ein Hocker im Duschbereich. Japaner finden es einfach bequem, sich in der Dusche zu setzen.

Sicher duschen Sie selbst westlich effizient: kurz den Körper nass machen, einseifen, abduschen, fertig. Japaner finden dies doch etwas dürftig, um nicht zu sagen völlig unzureichend. In Japan ist die Auffassung von gründlichem Duschen eine völlig andere. Hier seift man sich nicht einfach ab, man wäscht sich mehrmals und benutzt einige Hilfsmittel, um das Waschen gründlicher zu gestalten. So wird beispielsweise ein kleines Handtuch dazu benutzt, die Haut am ganzen Körper, auch am Rücken gründlich zu massieren und überschüssige Hautpartikel zu entfernen. Die Kopfhaut wird ebenfalls mit einer speziellen Bürste gründlich massiert, um für perfekte Sauberkeit zu sorgen. Ausländische Männer, die sich zu einem typisch japanischen Frisör wagen, haben dann schon mal Angst, bei diesem Schrubben einen Großteil ihrer Haare einzubüßen. Da dieses Prozedere natürlich ziemlich viel Zeit beansprucht, ist es wesentlich angenehmer, bequem auf einem Hocker zu sitzen und das Waschen ausgiebig zu genießen. Im tief angebrachten Spiegel kann man dabei kontrollieren, ob man auch wirklich gründlich vorgeht, um anschließend blitzsauber zu sein.

Die Badewanne ist für Japaner sehr wichtig. Traditionell baden Japaner jeden Abend sehr ausgiebig und sehr heiß. Aus diesem Grund findet man auch extrem selten Hotelzimmer in Japan, die ausschließlich mit einer Dusche ausgestattet sind. Selbst wenn der Platz sehr eingeschränkt ist, findet sich zumindest eine Sitzwanne zum abendlichen Entspannen im Hotelbadezimmer. In Wohnungen besitzen die Badewannen oft Massagefunktionen, die Möglichkeit das Badewasser von der Küche aus zu steuern, kombiniert mit einem Timer, Temperatureinstellung und der Möglichkeit, in der Wanne stehendes Wasser erneut aufzuheizen. Dieses in der Wanne verbleibende Wasser hat unterschiedliche Gründe. Zum einen sind es Energie- und Wasserspargründe, das Wasser wurde beim Baden nicht verschmutzt, weil sich jedes Familienmitglied vor dem Baden gründlich duscht und kann deshalb am nächsten Tag noch einmal aufgeheizt werden. Zum anderen kann dieses Wasser im Falle einer Naturkatastrophe als Nutzwasser dienen. In heutigen Zeiten lassen aber zumindest die wohlhabenden Städter das Wasser kaum noch zur zweiten Benutzung am nächsten Tag in der Wanne, dies erscheint ihnen dann doch zu altmodisch. In ländlicheren Gegenden ist dieser Brauch aber immer noch sehr geläufig.

Was hat es mit dieser glänzenden Metallscheibe auf sich?

Dies ist eine Drehscheibe für Autos vor einer Parkanlage. In manchen dieser Anlagen wird das Auto automatisch gedreht und man kann bequem ausfahren. Bei anderen gibt es diese Funktion nicht und da vor den Einfahrten kein Platz zum Wenden vorhanden ist, muss das Auto auf dieser Metallscheibe gedreht werden.

Mal schnell eine Pizza holen, kurz zur Post fahren oder spontan jemanden besuchen? Sie haben etwas im Auto vergessen und möchten es schnell holen? Ja, das könnte hier etwas Zeit in Anspruch nehmen, da Ihr Auto irgendwohin verschwunden ist und just wenn Sie es eilig haben, schon drei weitere Parker ihr Auto holen möchten. Da sind dann buddhistische Gelassenheit und Geduld gefragt, denn es wird in diesem Fall mindestens 15 Minuten dauern, bis Ihr herbeigesehntes Fahrzeug bereit stehen wird. Da wünscht man sich dann doch das Auto einfach vor der Tür oder in der eigenen kleinen Hausgarage. Künstliche Intelligenz oder einfach eine Art Reservierung für die Ausfahrt könnten hier vielleicht Abhilfe schaffen. Sicher hat sich schon ein kluger Kopf im neuen Startup-Paradies *Shibuya* hierzu eine geniale Idee überlegt und bietet hoffentlich bald eine App für das Smartphone an.

Der Großraum Tokio ist das größte Ballungsgebiet der Welt mit rund 38 Millionen Einwohnern auf engem Raum. Platz ist hier an vielen Stellen einfach nicht genügend vorhanden und deshalb muss man sehr klug damit umgehen. Große Parkplätze sucht man meist vergeblich, oft bestehen Parkplätze aus nur zwei oder drei Stellplätzen. Große Parkhäuser, in die man selbst hineinfahren kann, existieren auch kaum, da diese zu viel Platz benötigen würden. Statt dessen gibt es fast überall Parkanlagen, in denen die Autos automatisch verstaut werden. Der Fahrer fährt selbst in eine Art Garage, verlässt diesen Bereich und muss von außen den Parkvorgang starten. Das Auto wird dann mit Hilfe eines Paternostersystems geparkt, in dem das Fahrzeug zirkuliert. Hierzu müssen Parktürme gebaut werden, die aber z.B. bei einer Höhe von 50 Metern auf der Grundfläche von vier Parkplätzen Platz für 100 Autos bietet. Es gibt auch Palettensysteme, bei denen die Fahrzeuge hin und her geschoben werden. Sehr oft werden die Parktürme auch unterirdisch gebaut.

Dieses Parken ist zwar teuer, bietet aber sehr viele Vorteile: Es ist sehr sicher, der Fahrer muss keine Angst mehr vor Schrammen oder zu engen Parklücken haben. Es ist sehr platzsparend, da Ein- und Ausfahrten, Aufzüge und Gehwege entfallen. Es ist umweltgerecht, da kein Licht und keine Belüftung benötigt wird. Es ist barrierefrei und man atmet keine Abgase beim Parken ein.

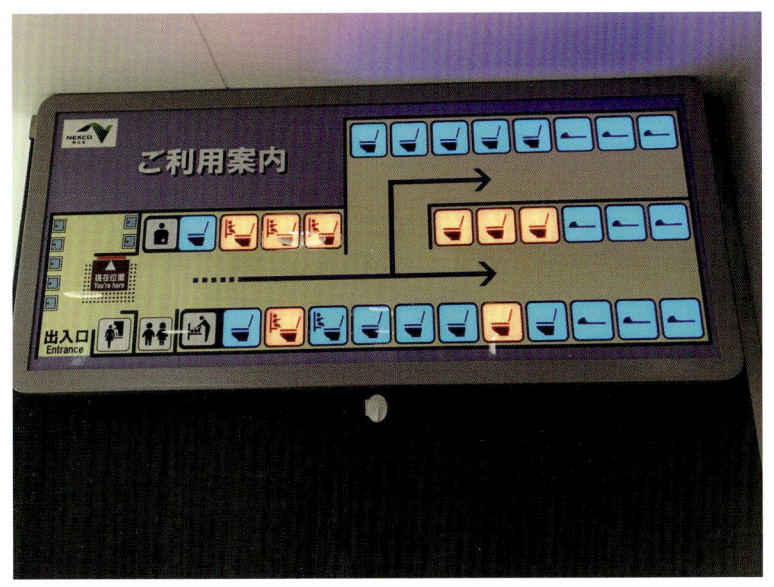

Welche Informationen bietet dieses Display?

Dies ist der Eingang zur einer Toilettenanlage auf einem Autobahnrastplatz. Man kann hier sehen, welche Kabinen belegt sind und welche wie ausgestattet sind, z.B. mit Babysitz.

Haben Sie sich heute schon mit jemandem über sanitäre Anlagen ausgetauscht? Vermutlich nicht. Im Rest der Welt wird über Toiletten nicht so gerne gesprochen, es stellt oft sogar ein Tabuthema dar, das entsprechend stiefmütterlich behandelt wird. Als Passant oder als Tourist kann man deshalb in den meisten Ländern schnell in Schwierigkeiten kommen, wenn man eine Toilette benötigt. Nicht so in Japan: hier sind die Themen Verdauung und Toilette nichts, was peinlich hinter vorgehaltener Hand angesprochen werden muss. Da gibt es am Nachmittag schon mal eine längere Fernsehsendung mit sechs erwachsenen Studiogästen, die ausführlich über Toiletten sprechen. Dabei werden sogar Toilettensitze ins Studio gestellt, um Übungen vorzuführen, die eine schwergängige Verdauung in Schwung bringen sollen.

Über japanische Toiletten und ihre modernen Funktionen ist schon viel berichtet worden und auch im Ausland kann man heute Toiletten im japanischen Stil kaufen. Diese sind dann beispielsweise ausgestattet mit unterschiedlichen Spül- und Trockenfunktionen. Japanische Toilettendesigner versuchen immer wieder, Neuheiten auf den Markt zu bringen und langfristig sollen die High-Tech-Geräte auch Gesundheitschecks vornehmen können.

Es gibt an Einfallstraßen Läden, die Autofahrer dazu auffordern, ihre Toilette zu benutzen, auch wenn man nichts kauft. In jedem Kaufhaus gibt es zahlreiche Hinweisschilder, wo die nächste Toilette zu finden ist. In jedem Bahnhof ist auf den zentralen Laufwegen der Passagiere eine Toilettenanlage und auf Autobahnrastplätzen gibt es sehr große Toiletten mit vielfältiger Ausstattung. Der Rastplatz auf dem vorangegangenen Foto verfügt im fotografierten Frauenbereich über 29 Kabinen, 20 mit westlichen Sitztoiletten, 9 mit Hocktoiletten, 5 Kabinen sind mit einem Babysitz ausgestattet. Im Moment sind 6 Kabinen belegt, was die orange Farbe anzeigt. Zusätzlich gibt es eine Kabine mit Wickeltisch, eine Kabine mit kleinem Toilettensitz und Urinal für Kinder, einen Bereich zum Schminken und eine Stelle mit Erste-Hilfe-Utensilien. Natürlich sind in Japan die Toiletten zu 99% kostenlos und meist blitzblank und in sehr gutem Zustand.

Leider lässt sich aber feststellen, dass der Massentourismus dazu geführt hat, dass an besonders hoch frequentierten Plätzen, z.B. in Osaka, die frei verfügbaren Toiletten in der Stadt verschwunden sind.

Warum muss mitten in Tokio auf einem Lieferwagen Eis gebracht werden? Sind die Gefrierschränke ausgefallen?

Japaner lieben Qualität und Althergebrachtes. Einen guten Whisky mit Industrieeis zu verwässern, käme für sie nicht in Frage. Da muss es schon das liebevoll in Handarbeit hergestellte Eis sein.

Man möchte vielleicht meinen: Eis ist Eis, ob aus der heimischen Gefriertruhe oder im großen Plastikbeutel von der Tankstelle. Hauptsache es erfüllt seinen Zweck und kühlt bei Bedarf Flaschen von außen oder leckere Getränke im Glas. Japanische Genießer würden hierauf sicher höflich antworten: „Hmmm...."

Exklusive japanische Bars sind unter Kennern für ihre hervorragenden Drinks bekannt. Da hier auf jedes Detail genau geachtet wird, ist natürlich auch die Qualität des Eises extrem wichtig. Die Barkeeper stellen das Eis nicht selbst her, sondern werden täglich mit hochwertigem Eis beliefert, das sie dann bearbeiten. Diese Bearbeitung stellt eine eigene Kunstform dar. Das hierfür benötigte Eis muss frei von Lufteinschlüssen sein, völlig klar und von einer hohen Dichte. Die Herstellung eines solchen Eises ist aufwendig, schwierig und erfordert Erfahrung. Damit das Eis die hohen Anforderungen erfüllen kann, muss es in einem langsamen Prozess hergestellt werden. Das Ziel ist, ein Eis zu erhalten, das härter ist und langsamer schmilzt als ein industriell gefertigtes. Die in die Bars gelieferten Eisblöcke werden dann vor Ort zerkleinert und kunstvoll in unterschiedliche Formen gebracht, z.B. eine perfekt ins Whiskyglas passende Kugel, ein Eisdiamant oder ein speziell geformter Würfel. Die Kunst, den perfekten Eisball für den Whisky herzustellen, stammt aus Japan und es erfordert enorm viel Übung, Sorgfalt und Umsicht, ihn anzufertigen. Anfänger zerstören schnell die Form oder verletzen sich. Die Kugeln werden meist erst nach der Bestellung des Gastes an der Bar geschnitzt und stellen die Grundlage für den perfekten Whisky dar. Schade ist dabei nur, dass viele japanische Spitzenwhiskys ausverkauft sind und da die Herstellung sehr langwierig ist, auch in den nächsten Jahren eine teure Rarität darstellen werden.

Youtube: Hidetsugu Ueno Ice Carving von „Bar-Times"
Japan's ice balls for Whisky „The Sydney morning Herald"

Was möchten uns diese freundlich lächelnden Damen und Herren auf diesen kleinen Postern verkaufen?

Dies sind Werbeposter für die nächste anstehende Wahl. Jedem Kandidaten wird eines der nummerierten Felder zugewiesen und darüber hinaus gibt es fast keine weiteren Plakate oder Poster in den Städten.

In Japan wird gerne und häufig gewählt. Innerhalb von vier Jahren gibt es mindestens drei Wahltermine: Für das Oberhaus, für das Unterhaus und Kommunalwahlen. Es ist aber auch durchaus üblich, dass die japanischen Premierminister bei schwierigen politischen Situationen, die Widerstand im Parlament oder der Bevölkerung hervorrufen, Neuwahlen anberaumen. Die Wahlbeteiligung wurde im Laufe der Jahre immer geringer, im Jahr 2017 lag sie nur noch bei 53,6%.

In vielen Ländern betreiben die Parteien nach wie vor einen aufwendigen Wahlkampf mit Postern und zum Teil riesigen Stellwänden, von denen die Politiker aller Parteien überlebensgroß staatstragende Gesten zeigen, unterstrichen von markanten Werbebotschaften. Dies hat beim letzten deutschen Wahlkampf einige Journalisten dazu bewogen, sich des Themas anzunehmen und sogar dazu aufzufordern, die Umweltschäden für diese Art von Wahlwerbung aufzurechnen.

In Japan wird Wahlkampf auf andere Art und Weise geführt: Von den Kandidaten wird ein persönlich durchgeführter Straßenwahlkampf gemacht. Bei der Abstimmung muss vom Wähler der Name des von ihm gewünschten Kandidaten geschrieben werden, es gibt keine Parteienlisten zum Ankreuzen. Aus diesem Grund ist es sehr wichtig, dass sich die Kandidaten persönlich bekannt machen. Kurz vor den Wahlen beziehen sie Stellung an wichtigen Plätzen, tragen große Schärpen mit ihrem Namen und versuchen, so viele Wähler wie möglich direkt anzusprechen. Unterstützt wird dieser persönliche Wahlkampf durch eine Besonderheit, die zwar keine Umweltverschmutzung durch Papier und Farbe darstellt, aber dafür das Gehör strapaziert und die Luft verschmutzt. So fahren vor und nach dem Wahlkampf mittelgroße Vans so oft wie möglich durch alle Wohngebiete und nennen mittels übergroßer Lautsprecher auf dem Dach möglichst oft den Namen ihres Kandidaten. Da das Schreiben von Namen im Japanischen durchaus auch für Japaner mit Schwierigkeiten verbunden ist, muss der Name der jeweiligen Bewerber natürlich auch möglichst oft zu lesen sein, beispielsweise in großen Lettern auf den Vans und da zusätzliches Plakatieren in den großen Städten leider fast unmöglich ist, nur auf diesen kleinen Postern. Der deutsche Plakat-Wahlkampf wäre für japanische Politiker deshalb wahrscheinlich ein Paradies.

Warum sieht man häufig eine solche Szenerie mitten in Tokio, der größten Stadt der Welt, wo Wohnraum begehrt und teuer ist?

In ganz Japan findet man verfallene und verlassene Häuser. Dies hat vielfältige Gründe, eines davon ist das Erbschaftssteuerrecht.

Mitten in der glitzernden Großstadt, neben gewaltigen Wolkenkratzern in teuersten Wohngegenden kann man plötzlich vor solch einem Gebäude stehen. Der Grund ist oft, dass die Bewohner sehr alt geworden sind, sich nicht mehr richtig um das Haus kümmern können und auch notwendige Reparaturen nicht mehr durchgeführt werden. Viele Japaner allen Alters leben alleine, mitunter vereinsamt und wenn dann noch ein hohes Alter hinzu kommt, vielleicht einhergehend mit Bewegungseinschränkungen, sind die Gebäude dem Verfall ausgesetzt. Das japanische Klima stellt große Herausforderungen an die Bausubstanz: Im Sommer einige Monate tropisch schwül mit hoher Luftfeuchtigkeit, im Winter extrem trocken mit Nachtfrost. Deshalb sind japanische Gebäude in der Regel so gebaut, dass sie eine relativ geringe Lebensdauer von maximal 35 Jahren haben.

All dies führt dazu, dass das Baumaterial nicht so haltbar ist wie in anderen Ländern und wenn dann noch eine gewisse Nachlässigkeit hinzu kommt, verfallen die Gebäude schnell. Leider gibt es aber auch sehr viele Häuser, die niemand haben möchte, weil das japanische Erbschaftssteuerrecht die Erben mit solch hohen Steuern belastet, dass viele Erbschaften nicht angetreten werden. Dies führt überall im Land dazu, dass Häuser verlassen werden und nach und nach komplett verfallen. Da in Japan ohnehin eine starke Landflucht besteht, betrifft dieses Problem in erster Linie die ländlichen Gegenden, aber auch die Städte bleiben davon nicht verschont. Die japanische Erbschaftssteuer ist gestaffelt nach dem Wert der Erbschaft, aber bei Grundstücken und Häusern können bis zu 55% Erbschaftssteuer anfallen, was bei den Grundstückspreisen in Tokio schnell einige hunderttausend Euro sind. In den Ballungsgebieten sind die Grundstücke relativ einfach zu verkaufen, aber in ländlichen Gegenden sind diese oft unverkäuflich, deshalb ist es für die Erben mitunter unerschwinglich, die Erbschaften anzutreten und als Folge davon verfallen die Gebäude und machen die ohnehin unattraktiven und verlassenen Landstriche noch unattraktiver.

Warum stehen diese Bänke in einem Bahnhof quer und dadurch den Passagieren im Weg?

Seit einigen Jahren ist das Fahren mit dem Auto unter Alkoholeinfluss unter sehr hohe Strafen gestellt. Die öffentlichen Verkehrsmittel bieten sich also umso mehr an, wenn man getrunken hat. Leider stürzen aber viele Betrunkene in die Gleise und diese Bänke sollen das Problem verringern.

Obwohl man im Tokioter Großraum selten länger als zehn Minuten auf einen lokalen Zug warten muss, kann man immer wieder völlig betrunkene und selig schlummernde Japaner auf diesen Wartebänken antreffen. Wo der Ausländer belustigt ein Foto macht, gehen die Japaner vorbei, als sei dies das Normalste der Welt. Bei „ageekinjapan.com" gibt es eine Rubrik „Sleeping Japanese". Falls Sie mal wieder laut lachen möchten, sollten Sie sich die Fotos anschauen.

Diese gedrehten Bänke haben allerdings einen ernsten Hintergrund. In den letzten Jahren gab es in Japan einen starken Anstieg von Unfällen in Bahnhöfen, bei denen Betrunkene zu Schaden kamen. Aus diesem Grund wurde eine zweijährige Studie angefertigt, in der das Verhalten von Betrunkenen anhand von Kameraaufzeichnungen analysiert wurde. Dabei fand man heraus, dass lediglich 10% der Unfälle passierten, weil jemand einfach seines Gleichgewichtssinns beraubt war, Schlangenlinien lief und ins Gleis fiel. Hingegen passierten 60% solcher Unfälle, wenn die Betrunkenen von einer parallel zum Gleis stehenden Wartebank aufstanden, geradeaus zum Zug laufen wollten und auf die Schienen stürzten. Nun begann man in Bahnhöfen, die genug Platz boten, die Bänke um 90° Grad zu drehen, so dass jemand, der etwas schwindelig und orientierungslos ist, nicht direkt auf die Gleise zusteuert, wenn er oder sie aufsteht. Im Jahr 2013 fielen fast 2000 betrunkene Passagiere auf die Gleise, wie die Auswertung von Überwachungskameras ergab. Wie sich diese Zahlen in der Zwischenzeit verändert haben und inwieweit gedrehte Bänke einen Anteil daran haben, lässt sich schwer sagen, denn zwischenzeitlich wurden auch sehr viele größere Bahnhöfe mit Schutzwänden an den Gleisen ausgestattet, die ein Hinabstürzen auf die Gleise komplett verhindern. Eine gute, schnelle und kosteneffizitäre Idee ist das Drehen der Wartebänke aber ganz sicher.

Dies ist übrigens ein Rätsel, das auch Japaner nicht lösen können.

Was ist der Hintergrund dieser kleinen Köstlichkeiten?

Dies ist eine kleine Begrüßung für den Gast eines Restaurants oder einer Bar, die er bezahlen muss, ohne sie bestellt zu haben. Es ist eine japanische Cover Charge, in Deutschland früher bekannt als „Gedeck".

Eine deutsche Besucherin sprach mich triumphierend an und bemerkte: „Na ja, auch in Japan wird man mittlerweile als Ausländer schon mal über den Tisch gezogen. Wir haben in der kleinen Kneipe gestern Abend pro Person einfach noch mal 5,- Euro zusätzlich bezahlen müssen." Meine Antwort fiel japanisch sparsam aus: „Das kann sein, aber..."

In Italien nennt man es „Coperto", in Österreich und Deutschland war es als „Gedeck" bekannt. Dass diese „Cover Charge" auch in Japan häufig verlangt wird, wissen viele nicht und wenn es dann passiert, finden sich schnell aufgeregte Chats und Videos im Internet, die davon berichten, dass man in Japan als Tourist betrogen wird. Dies ist nicht der Fall. Natürlich zahlt diesen Aufpreis jeder Gast, ganz gleich, woher er kommt, oder wie er aussieht. Das Problem ist, dass man auf diese versteckten Kosten selten im Vorfeld aufmerksam gemacht wird. Einige japanische Wirte haben erkannt, dass nicht jeder Gast damit einverstanden ist, auch viele Japaner stört diese Gebühr, und so sieht man manchmal Zeichen an Restaurants: „No cover charge". Der Preis für diese Zusatzgebühr variiert stark, manchmal sind es 10% der Gesamtrechnung, oft aber auch ein fester Betrag. Bars verlangen meist zwischen 300 Yen und 1000 Yen, dies sind etwa zwischen 2,30 Euro und 8,- Euro pro Person. Die Gegenleistung ist sehr unterschiedlich: Mitunter ist es eine wirkliche Leckerei, wie im Falle des Restaurants, in dem das Foto dieses Kapitels entstanden ist. Oft sind es sehr spezielle Kleinigkeiten, wie eingelegter Kohl, japanischer Salat, japanischer Kartoffelsalat, sauer eingelegtes Gemüse, Seetang, gegrillter oder gekochter Fisch und viele weitere besondere japanische Speisen. In modernen Bars ist es aber oft auch nur eine kleine Schale Nüsse zum ersten Getränk. Da es in Japan kein System des Trinkgeldgebens gibt, hat das Restaurant oder die Bar somit die Möglichkeit, doch eine kleine Nebeneinnahme zu erhalten. Als Gast sollte man sich nicht über diese Gepflogenheit ärgern und die guten Seiten sehen: Man bekommt eine Kleinigkeit zu essen, was vor allem bei Alkoholkonsum nie schaden kann. Daneben testet der Gast Speisen, die er vielleicht nie bestellt hätte und lernt so Neues kennen und wenn er sehr hungrig ist, überbrückt dieser kleine Gruß aus der Küche die Wartezeit, bis das bestellte Essen serviert wird.

Wozu dient diese Säule auf dem Bürgersteig?

Dies ist eine Rauchersäule. Rauchende sollen sich um diese Säule gruppieren, damit der Zigarettenrauch auf der Straße abgesaugt wird.

Rauchen im Restaurant im Land der unzähligen Regeln? Aber ja!

Japan wird auffällig oft als „das Land der Gegensätze" bezeichnet und auch beim Thema Rauchen fällt ausländischen Besuchern die Widersprüchlichkeit im Umgang damit sofort auf. Einerseits gibt es unzählige Hinweise, Plakate und Schilder, die darauf hinweisen, was bezüglich des Rauchens in Tokio zu beachten ist: Grundsätzlich ist Rauchen auf der Straße oder in Parks verboten (außer in speziell gekennzeichneten Zonen, wie beispielsweise rund um die Rauchersäule auf dem vorangegangenen Foto). Es ist verboten, Zigarettenstummel auf die Straße zu werfen und es ist sogar verboten, auf seinem eigenen Grundstück zu rauchen, wenn Passanten den Rauch einatmen müssten. Tatsächlich halten sich die meisten Menschen an diese Regeln, es wird sehr selten auf der Straße geraucht und weggeworfene Zigarettenstummel sieht man fast nie.

Jetzt würde man wahrscheinlich glauben, dass Japan ein Paradies für Nichtraucher sein müsste und der Nichtraucherschutz hier besonders groß geschrieben wird. Hier findet sich nun aber leider der Widerspruch. Obwohl in den letzten Jahren sehr viele Länder das Rauchen in geschlossenen Räumen verboten haben und man nachweisen kann, wie schädlich Passivrauchen ist, ist an dieser Stelle Japan noch immer ein El Dorado für Raucher. In fast allen Restaurants, Bars und Kneipen ist das Rauchen nach wie vor erlaubt. Es gibt zwar manchmal Nichtraucherzonen, aber diese sind vom Raucherbereich meist nicht abgetrennt und so atmet man während des Essens den Rauch ein und kann sich gar nicht mehr erinnern, dass dies früher auf der ganzen Welt üblich war. Besonders unverständlich ist diese Duldung, wenn man weiß, dass Japaner sehr auf ihre Gesundheit achten und die gesetzlichen Krankenkassen bei Krebserkrankungen nur eine Basisbehandlung finanzieren.

Dies ist sicher ein Grund, weshalb in Firmengebäuden strenges Rauchverbot herrscht. Für Raucher wurden meist spezielle Räume eingerichtet, und es kann schon vorkommen, dass der Weg zum Raucherzimmer deutlich länger dauert als das Rauchen einer Zigarette. Im Juni 2018 hat die Stadt Tokio in Hinblick auf verschiedene Sportgroßveranstaltungen ein strengeres Gesetz zum Rauchen in Bars und Restaurants erlassen, das pünktlich zur Sommerolympiade im April 2020 in Kraft treten soll.

Wer sind diese jungen Männer, für die dieser LKW in Tokio Werbung spazieren fährt?

Dies ist die koreanische Popgruppe „BTS", die neben vielen anderen Popgruppen aus Korea extrem populär in Japan und weltweit ist.

Koreanische und japanische Popmusikgruppen sind ein Phänomen, das seit einiger Zeit auch weltweit wahrgenommen wird und japanische Bands wie *„Babymetal"* oder koreanische Bands wie *BTS* schaffen es, in Europa und den USA erfolgreiche Liveauftritte in großen Hallen zu absolvieren. *BTS* standen in den Charts der amerikanischen Zeitschrift Billboard ein Jahr lang auf Platz 1!

Japan ist mit rund 127 Millionen Einwohnern bei weitem nicht so bevölkerungsreich wie viele andere Staaten, aber Japans Musikmarkt wird, gemessen an den Verkaufszahlen, als der zweitgrößte der Welt betrachtet. In Japan ist die koreanische Unterhaltungskultur schon lange äußerst erfolgreich. Seit dem überragenden Erfolg einer koreanischen Fernsehserie im Jahr 2003 lieben Japaner koreanische Serien und so war es nur folgerichtig, dass auch koreanische Musik immer populärer im Land der aufgehenden Sonne wurde. Heute gibt es zahlreiche japanische und koreanische Mädchen- und Jungenbands, die miteinander um diesen zahlungskräftigen Markt konkurrieren. Diese Bands sind gecastete Kunstprodukte, deren Mitglieder schnell ersetzt werden können. Von manchen Bands, wie z.B. die seit 2003 erfolgreiche Mädchenband AKB48 bestehen sogar mehreren Besetzungen mit insgesamt 130 Bandmitgliedern, die täglich an verschiedenen Orten auftreten, um eine gefühlte Nähe zum Publikum zu erzeugen. Wer bereit ist, genügend Geld zu investieren, darf in Backstage Bereiche, um den Künstlern nahe sein zu können, dies kostet rund 500,- €. Keineswegs sind die Fans dieser Gruppen nur Teenager oder verschrobene Einzelgänger, auch gestandene Ehefrauen und Rentnerinnen begeben sich regelmäßig mehrmals im Jahr auf Konzertreisen nach Korea oder sind First-Class-Fans in Japan.

Während die japanischen Bands, unabhängig vom Musikstil, am Ende einfach süß und jugendlich unverdorben wirken sollen, haben die koreanischen Gruppen die Freiheit, auch erwachsen zu werden und etwas mehr Sexualität und Verruchtheit verkörpern zu dürfen. Die Regeln sind aber sehr eng gesteckt: Die Bandmitglieder verkörpern untereinander extrem engen Gruppenzusammenhalt, der als funktionierende „Chemie" vermarktet wird. Die einzelnen Mitglieder gehören ausschließlich den Fans, es wird viel über Liebe gesungen, aber das eigene Privatleben muss aus den Medien fern gehalten werden. *Youtube*: Unter dem Stichwort „AKB48" kann man sich einen Eindruck über die Band verschaffen, oder „Babymetal. Road of Resistance" BurningMI

Was tut dieser junge Mann mit Sturzhelm hier?

Hier wird der Belegungsplan einer im nächsten Jahr stattfindenden Messe von Hand angefertigt, mit Leiter und Klebezetteln. Bei dieser Messe wird es um Zukunftsthemen wie „Roboter" und „Intelligente Fabriken" gehen.

Japan ist ein High Tech Land! Ist Japan ein High Tech Land? Dieses Thema ist wie viele andere auch voller großer Fragen. Auf der einen Seite fahren hier die schnellsten und technisch sichersten Züge der Welt, bald auch automatisiert, hat man flächendeckend 4G, sogar in Tunnels und der U-Bahn, gibt es erste Roboterrestaurants oder werden Roboter bereits zur Unterstützung im Pflegebereich eingesetzt. Auf der anderen Seite hat man auch bei neuen Gebäuden das Gefühl, das Fenster sei nicht richtig geschlossen, weil es durch die Rahmen zieht, werden nach wie vor am liebsten Papierkalender benutzt, Bargeld ist das häufigste Zahlungsmittel oder viele Menschen benutzen immer noch Klapphandys.

Ein sehr schönes Beispiel für die partnerschaftliche Existenz von Innovation und Althergebrachtem sind die japanischen Toiletten: Diese werden zum einen immer aufwendiger, neben Deckeln, die sich von alleine öffnen, Spülungen, die sich automatisch betätigen, Musikuntermalung und Säuberungsfunktionen gibt es nun auch Toiletten, die medizinische Tests wie Zucker im Urin vornehmen. Zum anderen gibt es aber in allen öffentlichen Toilettenanlagen mit mehreren Kabinen immer auch spartanische Hocktoiletten, die bei Licht betrachtet ein in Keramik eingefasstes Loch in der Erde mit angeschlossener Wasserspülung sind.

Die japanische Politik ist stolz auf Fortschritt, aber gleichzeitig hat die japanische Gesellschaft und auch die Wirtschaft Angst vor zu viel Veränderung und Innovation. Unternehmen wie Sony oder Panasonic haben längst ihren Technologievorsprung der 80er und 90er Jahre in vielen Bereichen verloren, z.B. an südkoreanische Unternehmen und müssen nun in neuen Geschäftsfeldern aktiv werden.

Youtube: Japan:Lowtech im Hightech-Land/Weltbilder/NDR2017 von shheheje

Was ist dies für ein seltsames Fahrrad?

Dies ist ein sehr japanisches Produkt, ein sogenanntes Mamachari (Fahrrad für Mütter). Es wird als Kindertaxi und Lastesel für viele Gelegenheiten benutzt.

Die Sonne scheint, man schlendert fröhlich plaudernd auf einem der engen Bürgersteige Richtung Bahnhof und plötzlich zieht von hinten ohne Vorwarnung ein Fahrrad in Schlangenlinien mit nicht unerheblicher Geschwindigkeit unter leichtem Körperkontakt vorbei. „Was war das", fragt man sich leicht geschockt. Das war in den meisten Fällen ein *Mamachari*, gerne bestückt mit drei Personen: Der Mutter und zwei Kleinkindern. Fahrerinnen von *Mamachari* sind oft im Kampfmodus unterwegs: Das Fahren auf dem Bürgersteig ist verboten? Die Ampel ist schon seit einer Minute rot und es befinden sich Fußgänger auf dem Zebrastreifen? Das kümmert doch die Fahrerin eines *Mamachari* nicht, sie hat es schließlich eilig und keine Zeit zu verschwenden und größere Rücksicht möchte sie auch nicht nehmen. Dies ist besonders bemerkenswert, da in Japan die Sitten im Umgang miteinander extrem wichtig und von Höflichkeit geprägt sind, daneben wird das Einhalten der Regeln normalerweise stark beachtet. Hier bleibt nur die Erkenntnis: Widersprüche gibt es eben in jeder Kultur.

In den japanischen Städten ist es eng und Parkplätze sind sehr rar. Da verbietet es sich meist, mit dem Auto zum Einkaufen zu fahren. Auch als Transportmittel für kleinere Kinder zum Kindergarten oder zu anderen Aktivitäten ist das Auto aus vielen Gründen nicht gut geeignet. Fahrradhersteller haben deshalb schon vor vielen Jahrzehnten reagiert und das Mütterfahrrad entwickelt. Es hat einige ganz spezielle Eigenheiten: der Einstieg ins Fahrrad ist sehr tief angelegt, so dass man auch mit einem Rock oder höheren Schuhen sicher aufsteigen kann. Die Pedale sind nah am Boden, um ein schnelles Absteigen zu ermöglichen und das Fahrrad ist entweder mit Einkaufskörben oder Kindersitzen ausgestattet. Es gibt sehr unterschiedliche Ausführungen: Die auf dem Foto abgebildete Version ist ein High-End-Produkt, zusätzlich ausgestattet mit einem Elektromotor, was das Fahrrad natürlich teuer macht. Man kann gut sehen, dass die Räder kleiner sind als bei gewöhnlichen Fahrrädern und der Rahmen deutlich länger. All dies dient einer besseren Stabilität, was sehr wichtig ist, wenn man bedenkt, dass schon ein zweijähriges Kind im Durchschnitt zehn Kilo wiegt, bei zwei Kindern auf dem Fahrrad und eventuell noch einigen Einkäufen kommen neben dem Gewicht des Fahrers schnell noch 20-25 kg an zusätzlichem Gewicht dazu. *Youtube* „The mamachari Japan's city bicycle" von JVT-en

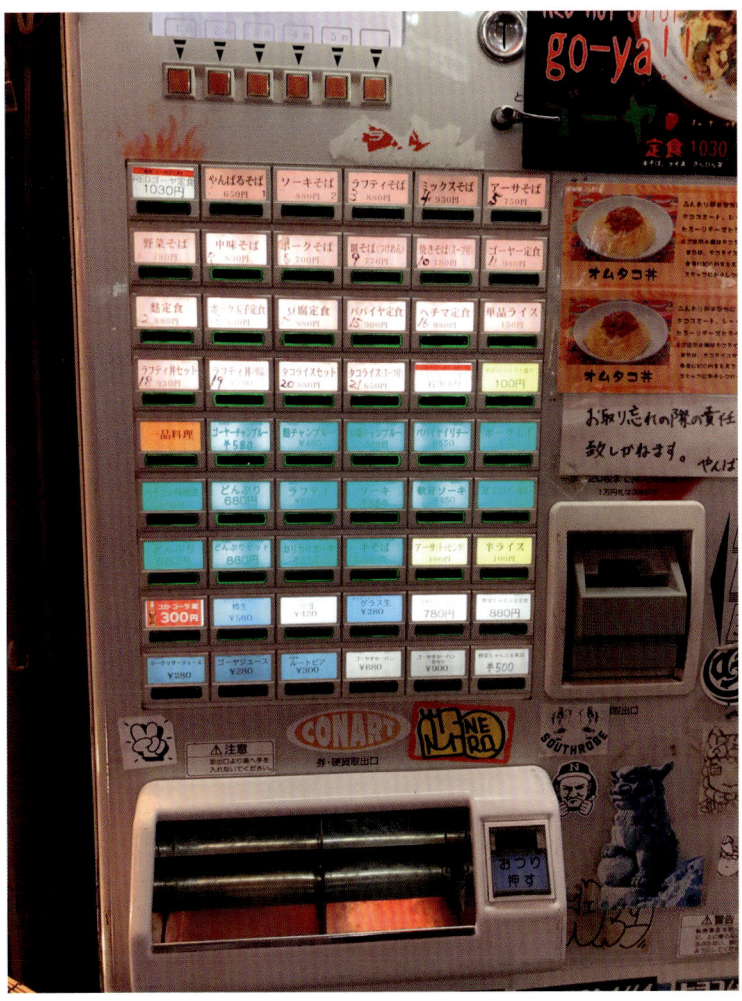

Was kann man hier kaufen?

Dieser Ticketautomat steht vor einem Schnellrestaurant im japanischen Stil. Hier zieht man ein Ticket für das ausgewählte Essen und das Getränk und betritt dann den Imbiss.

„In Japan kann man benutzte Damenhöschen am Automaten ziehen". Diesen urbanen Mythos kennt dem Anschein nach jeder Mensch, auch wenn er kaum weiß, wo sich Japan auf der Landkarte befindet. Persönlich habe ich noch nie einen solchen Automaten gesehen, dazu muss man sich vermutlich in einschlägige Lokalitäten begeben, falls dieses Angebot tatsächlich existieren sollte.

Es gibt aber tatsächlich sehr ausgefallene Dinge in japanischen Automaten: Brot in Dosen, frisches Popcorn, Bananen, Pizza, die innerhalb von rund 5 Minuten frisch gebacken wird, Schirme und natürlich Getränke aller Art, auch Bier.

Obwohl Japaner an manchen Orten, oft auch vor angesagten Restaurants schier endlos langes Warten in Kauf nehmen, gibt es aber auch Situationen, in denen das Essen einfach möglichst schnell gehen soll. In diesem Fall sind Restaurants mit einem Ticketautomaten die beste Wahl. Meist finden sich solche Ticketschalter vor Restaurants mit Nudelsuppen oder Currys, sehr oft in Bahnhöfen, wo die meisten Menschen wenig Zeit haben. Die Idee ist, ein Ticket zu ziehen, schnell zu essen und das Restaurant sofort wieder zu verlassen. Die räumlichen Gegebenheiten sind meist sehr beengt und oft gibt es nur Plätze rund um einen Tresen, manchmal sogar im Stehen. Meist gibt es auch keinen weiteren Service, man muss sich selbst mit kaltem Wasser, Stäbchen und einem feuchten Tuch versorgen.

Ein weiterer Gedanke ist hier die Hygiene. Im Restaurant muss keiner der Angestellten mit Geld umgehen, das sehr oft durch viele Hände gegangen ist und entsprechend verschmutzt ist.

Leider ist es für ausländische Besucher meist schwierig, die Automaten zu benutzen, da es selten englische Beschriftungen gibt, aber vielleicht findet sich ein freundlicher Japaner, der behilflich ist. Manchmal genügt es, ein bisschen hilflos auszusehen und schon findet sich Hilfe. Der Vorgang selbst ist einfach: Zuerst muss man etwas auswählen, die entsprechende Taste drücken und bezahlen. Man erhält dann die Tickets, gibt sie im Restaurant ab und erhält umgehend das Essen. Nach dem Essen wird in manchen Restaurants erwartet, dass man sein Tablett aufräumt.

Was bedeutet dieses Piktogramm?

Dieses Hinweisschild am Eingang eines Onsen (heiße Badequelle) weist darauf hin, dass hier Besuchern mit Tätowierungen der Zutritt verweigert wird.

Heidi Klum musste es tun, Angelina Jolie ebenfalls, auch Florian Silbereisen soll Probleme damit haben und von Johnny Deep weiß man es ganz genau: Sie alle mussten tätowierte Namen von verflossenen Partnern entfernen oder ändern lassen. Tattoos sind cool, wild, unangepasst und: Manchmal einfach lästig.

In vielen Ländern dieser Welt sind Tätowierungen heute gesellschaftsfähig und zahlreiche Menschen tragen größere oder kleinere Bilder in der Haut. Berühmte Sportler und Künstler haben oft ebenfalls großflächige Tattoos, die sie gerne zur Schau stellen, was sicher auch zur allgemeinen Verbreitung beigetragen hat.

Der Umgang mit Tätowierungen in Japan erscheint uns etwas aus der Zeit gefallen. Noch immer gelten hier Menschen mit Tattoos gemeinhin als Außenseiter. In der Geschichte wurden Kriminelle durch Tätowierungen gebrandmarkt, was einerseits dazu führte, dass sich niemand freiwillig tätowieren ließ und zum anderen waren die gekennzeichneten Menschen wegen gesellschaftlicher Repressionen dazu gezwungen, sich zum Überleben zusammenzuschließen. Dies war der Beginn der *Yakuza* (japanische Mafia). Zur *Yakuza*kultur gehört es, sich großflächig tätowieren zu lassen. Oft ist der gesamte Oberkörper, außer einem Streifen am Brustbein entlang, die Arme bis an die Ellbogen und die Beine bis einige Zentimeter über den Knöcheln komplett tätowiert. Die Aussparungen machen es möglich, die Tattoos unter der Kleidung zu verstecken und somit nicht zu zeigen, dass man der *Yakuza* angehört.

Heute will auch mancher junge Japaner, der z.B. als Künstler tätig ist, seine Individualität durch eine Tätowierung betonen. Dennoch ist dies nach wie vor gesellschaftlich verpönt, was jedem spätestens beim Anblick eines solchen Plakates vor einem öffentlichen Bad wieder bewusst wird, oder wenn man sich in einem Sportstudio anmelden möchte und folgenden Passus unterschreiben muss: „Ich bin kein Mitglied einer kriminellen Vereinigung". Gemeint ist auch: Ich habe keine Tätowierung. Falls man sich darüber hinwegsetzt und jemand ein Tattoo bemerkt, wird man in aller Regel ohne große Umschweife vor die Tür gesetzt. Ein ganz kleines Schlupfloch wird für ausländische Touristen in der Zwischenzeit in manchen Badequellen angeboten, wenn das Tattoo klein genug ist, darf man es mit einem speziellen Pflaster überdecken.

Was ist das?

Dies ist in einem Restaurant ein Behälter für feuchte, kalte oder warme Handtücher, die man vor dem Essen gereicht bekommt.

Heute kennt man diese feuchten Tücher auch bei manchen Gelegenheiten außerhalb Japans, so erhält man bei vielen Fluggesellschaften ebenfalls ein Tuch zur Erfrischung und Reinigung.

In Japan gehört es in jedem Restaurant, Bar, Hotel und auch bei Japanern zu Hause zur Gastfreundschaft, dem Gast ein feuchtes Tuch zu überreichen. Je nach Art des Restaurants kann dies variieren zwischen einem kleinen in eine Plastikhülle verpackten Papiertuch, das bereits auf dem Tisch platziert ist, bis hin zu einem qualitativ hochwertigen Stofftuch, das direkt aus dem abgebildeten Behälter entnommen wird. Im Sommer sind die Tücher kalt und im Winter heiß.

Die Tücher sind so stark mit der japanischen Kultur verbunden, dass sogar ein spezieller Tag für sie gewählt wurde: Der 29. Oktober. Manche Tücher sind nur mit Wasser befeuchtet, andere enthalten desinfizierende Zusätze.

Die Etikette besagt, dass man sich damit vor allem die Hände reinigen soll und vielleicht das Tuch noch kurz auf das Gesicht legen kann. Alle anderen Reinigungsversuche, die man vielleicht sieht, wie das Abwischen des Nackens oder gar anderer Körperteilen, sollte man unterlassen. Es wird ebenfalls empfohlen, die *Oshibori* weder als Serviette, noch als Lappen für heruntergefallene Speisen zu benutzen. Ehrlich gesagt sehen die meisten Japaner dies aber nicht so eng und manchmal muss man in Ermangelung von Servietten das Stofftuch etwas zweckentfremden.

Es gibt Gerüchte, dass die Lieferanten der *Oshibori* der *Yakuza* (japanischen Mafia) melden, wie viele Gäste ein Restaurant hat, ermittelt aus der Stückzahl der gelieferten Tücher, damit diese daraus die Höhe der möglichen Schutzgelderpressungen errechnen kann. Da es sich hier um ein Thema handelt, über das nicht so gerne gesprochen wird, ist es schwer zu sagen, wieviel Wahrheit hinter dieser Behauptung steckt. Fest steht, dass es die japanische Mafia gibt und sie in vielen Bereichen der Wirtschaft und Politik Einfluss hat. In den letzten Jahren hat die japanische Polizei allerdings verstärkt Anstrengungen unternommen, den Einfluss der Mafia zurückzudrängen.

Warum liegen hier blaue Matten im Park?

Diese Matten liegen in einem Tempel unter Kirschbäumen in der Zeit der Kirschblüte. Die Aufschrift darauf sagt: „Sie können diese Matten gerne benutzen". Erwartet wird dann eine kleine Spende an den Tempel.

Jedes Jahr ab Februar stellen sich erneut die drängenden Fragen, wann die Kirschen blühen werden, ob das Wetter gut genug ist, um eine schöne Kirschblüte zu gewährleisten und wie man mit Kollegen und Freunden den Besuch des *Hanami* (Kirschblüten betrachten) planen soll. Die Wetterbeobachter versuchen, möglichst zuverlässige Prognosen zu stellen und dann wird der Referenzbaum im *Yasukuni*-Schrein allabendlich in den Nachrichten gezeigt. Die Entwicklung der Blüten dieses Baums zeigt an, wann es los geht und wann die Blüten auch in anderen Parks einen Ausflug lohnen.

In städtischen Parks gibt es leider keinen solchen Service wie in dem von einem Schweizer Mönch geführten Tempel auf dem Foto. Er hatte die Idee, diesen Schutz auszulegen, mit der freundlichen Einladung, ihn zu benutzen. Dies zieht spontane Besucher an, beispielsweise Angestellte in der Mittagspause, die sich über den Service freuen und vielleicht auch eine kleine Spende in der Tempelkasse lassen. An anderen Orten muss man seine blaue Plane selbst mitbringen und jemand aus der Gruppe sollte früh genug einen Platz reservieren, damit es auch wirklich klappt mit dem gemeinsamen Picknick unter Kirschblüten.

Wer sich die Blüten anschauen möchte, sollte sich aber von der romantischen Vorstellung trennen, dass er ein Naturerlebnis haben wird. Selbst am Vormittag um 10:00 Uhr sind an den beliebtesten Orten schon tausende Besucher auf den Beinen und es ist eher ein Geschoben werden als ein Gehen und wenn man an neuralgischen Punkten für ein Foto stehen bleiben möchte, wird man mitunter von rüstigen Rentnern in städtischen Uniformen aufgefordert, weiter zu gehen. In und vor Bahnhöfen an beliebten Parks sind Dutzende Ordner damit betraut, die Menschenmasse in die richtigen Bahnen zu lenken, an den Ampeln wirklich nur bei grün passieren zu lassen und auch sonst dafür zu sorgen, dass alles möglichst reibungslos und sicher verläuft. Da Japaner es gewohnt sind, sich in solch großen Ansammlungen zu bewegen, bleiben alle gelassen und freuen sich trotzdem an den wunderschönen Blüten.

Es gibt natürlich auch Orte, an denen die Bäume vielleicht nicht ganz so dicht stehen und die Fotospots nicht so berühmt sind. Dort hat man auch durchaus die Möglichkeit auf mehr Platz und Privatsphäre.

Welche Applikation für Smartphones wird auf diesem Getränkeautomaten beworben?

Japaner nutzen Line als Kommunikationsmittel, der Dienst und seine Services sind vergleichbar mit WhatsApp.

Falls Sie Spanier sind, kennen Sie dieses Unternehmen vielleicht, als Deutscher eher nicht. Als Japaner kennen Sie es höchstwahrscheinlich, denn dem grünen Logo des Dienstes *Line* begegnet man in Japan sehr häufig, z.B. in Restaurants, Bars oder Taxis, in denen man bargeldlos bezahlen kann.

Line ist ein japanischer Ableger der koreanischen Internetsuchmaschine *Naver* und in Japan die beliebteste Kommunikationsapp. Nach dem schweren Erdbeben von 2011 waren die japanischen Telekommunikationsmittel zusammengebrochen, das koreanische Unternehmen reagierte zügig und bot ab Juni 2011 die kostenfreie App an. Sehr schnell wurde sie zu einem überragenden Erfolg, neben Japan auch in Thailand, Taiwan, Spanien und 2017 hatte *Line* 600 Millionen registrierte Nutzer. In Japan benutzen rund 90% der Teenager diese Möglichkeit der Kommunikation.

Line bewegt sich auf vielen Feldern, so gibt es beispielsweise Shops in vielen asiatischen Städten, in denen man sich *Line*-Maskottchen kaufen kann. Auf dem Foto sieht man die speziellen Figuren Frosch, den gelben Vogel und den weißen Hasen. Diese Maskottchen sind den Benutzern bekannt, da sie in *Anime*filmen als Angestellte einer Firma agieren, in Spielen auftauchen und als Sticker, die man besonders guten Freunden schickt, käuflich erwerblich sind. Diese Sticker sind vergleichbar mit den *Emoji* Piktogrammen bei WhatsApp.

Die App verfügt über alle Funktionen, die WhatsApp bietet, hat darüber hinaus noch weitere Anwendungsmöglichkeiten: Man kann an vielen Stellen bezahlen, zwischen Freunden Geld überweisen, sich Essen liefern lassen, ein Taxi bestellen, telefonieren, Videochats, Videospiele mit den Line Charakteren spielen, oder Timeline (eine Anwendung, die Facebook ähnlich ist).

Youtube: „Using line messaging app to explain line" Wall street journal

Was ist der „White day"?

Der „White day" findet jedes Jahr am 14. März statt und ist die japanische Antwort auf den Valentinstag am 14. Februar.

Am Valentinstag stehen internationale Ehen mitunter vor dem Aus: Japanische Männer sind enttäuscht, wenn sie statt Schokolade ein anderes Geschenk bekommen und ausländische Frauen sind sich sicher, dass ihr japanischer Mann sie nicht mehr liebt, weil er kein Geschenk am 14. Februar für sie hat.

Der Valentinstag ist in Japan eine besondere Sache, die es wohl weltweit in dieser Form nicht gibt. Am 14. Februar beschenken sich in Japan nicht einfach nur die Verliebten, sondern es wird von Frauen erwartet, dass sie männlichen Kollegen und Freunden Schokolade schenken. Es gibt auch ein Wort dafür „*Giri-choco*", einfach übersetzt eine Art „Pflicht-Schokolade". Das Wort *giri* bedeutet im Japanischen sehr Unterschiedliches und ist aus dem westlichen Wertesystem heraus betrachtet nur sehr schwer zu verstehen. Die amerikanische Kulturanthropologin Ruth Benedict hat dieses Verhalten in ihrem Buch „Chrysantheme und Schwert" mit einem Bankkredit vergleichen: Wenn wir einen Kredit aufgenommen haben, müssen wir ihn zurückzahlen. Diese Verpflichtung ist keine Frage der Freundlichkeit, des Wohlwollens oder der Begleitumstände. Entsprechend geht es in Japan bei solchen Anlässen, die mit *Giri* zusammenhängen nicht darum, wen man mag, sondern wem man verpflichtet ist. Dies ist ein überaus kompliziertes System, in dem sich Japaner oft gefangen fühlen und sich selbst unter Druck setzen.

Aus diesem Grund gibt es gerade zum Valentinstag immer wieder Diskussionen über diesen Brauch. Der Schokoladenhersteller Godiva hatte eine ganzseitige Anzeige geschaltet, die den japanischen Vorgesetzten empfiehlt, die Mitarbeiterinnen von der Pflicht zu befreien. Dies löste viele Reaktionen aus, z.B.: „Godiva kann dies äußern, da niemand solch teure Schokolade zum Valentinstag verschenkt".

In den 1950er Jahren begann ein Süßwarenhersteller, Werbung für den Valentinstag zu machen und forderte in Anzeigen die Frauen auf, einem Mann durch ein Schokoladengeschenk ihre Liebe zu zeigen. Daraus wurde dann der japanische Valentinstag. Natürlich wird von den beschenkten Männern erwartet, dass sie genau wissen, wer ihnen was geschenkt hat und sie sich am „*White day*" revanchieren. Die Japanerinnen rechnen mit Geschenken, die etwa den dreifachen Wert ihres eigenen Geschenks haben.

Der Name „*White day*" ist entstanden, weil ursprünglich vor allem weiße Schokolade und Marshmallows verschenkt wurden.

Was befindet sich in diesen Taschen?

Diese Taschen nennen sich Fukubukuro (Glücksbeutel). Sie sind ab dem ersten oder zweiten Januar erhältlich und sie versprechen, dass der Inhalt mindestens 50% reduziert ist, gegenüber dem regulären Preis. Das Problem ist aber, dass man vor dem Kauf nicht hineinschauen kann, also eine Wundertüte kauft.

Es gibt ein japanisches Sprichwort, das besagt, dass „In Übriggebliebenem Glück steckt". Dies erklärt vielleicht den Namen der Tüte, der aus den Zeichen für „Glück" und „Beutel" besteht und traditionell mit übrig gebliebener Ware gefüllt ist. Heute wird natürlich auch direkt für dieses Ereignis Ware angefertigt.

Die Tradition der *Fukubukuro* ist schon recht alt, aber es gibt unterschiedliche Angaben zum Beginn: Eine Geschichte besagt, dass das Luxuskaufhaus *Mitsukoshi* bereits im 19. Jahrhundert mit der Idee gestartet sein soll, eine Art Winterschlussverkauf auf diese Weise durchzuführen. Waren, die sich nicht verkauft hatten, wurden reduziert, in Taschen gepackt, fest verschlossen und für einen Festpreis verkauft.

Heute gibt es eine große Hysterie an manchen Stellen, wenn die Geschäfte in den ersten Januartagen morgens öffnen. Bei den beliebtesten Marken bilden sich sehr lange Warteschlangen, da sich die Fans oft schon Stunden vor der Öffnungszeit einfinden. Man kann tatsächlich gute Schnäppchen machen. Da die Preisschilder meist noch an der Ware hängen, kann es vorkommen, dass man feststellt, nur 10% des regulären Preises bezahlt zu haben. Ob alle Dinge gefallen oder passen, ist natürlich nicht sicher, damit muss man einfach rechnen, aber Freunde und Familie freuen sich vielleicht über das eine oder andere unerwartete Geschenk.

Manche Kunden geraten fast in einen Kaufrausch, wie zahlreiche Videos auf *Youtube* von der Jagd nach Glückstaschen und dem aufgeregten Auspacken danach zeigen, z.B. Kimdao „Lucky bag shopping in Shibuya 109" Viele machen mit: Kaufhäuser, einzelne Läden, Kaffeeketten, App-Betreiber, Buchhandlungen, Elektronikgeschäfte, Ticket Verkaufsstellen, Lebensmittelgeschäfte, Bäckereien – also alle, die etwas verkaufen und Kunden in ihre Läden locken möchten.

Die Preise variieren sehr stark nach Geschäft, man kann schon für wenige Euro eine Glückstasche kaufen, aber vereinzelt können die ganz exklusiven, von Schmuckgeschäften und Juwelieren angebotenen *Fukubukuro* auch eine Million Euro kosten – da kann man nur hoffen, dass der Inhalt den Preis rechtfertigt, aber das ist Ehrensache der Händler in Japan.

Was bedeuten diese weißen Linien auf dem Fußboden?

Diese Linien sind vor dem Aufzug zu einer Aussichtsplattform in Tokio aufgeklebt. Sie dienen dazu, die maximal passende Anzahl an Passagieren vor Ankunft des Aufzugs zu ermitteln, um den Aufzug schneller füllen zu können.

Japaner sind nicht nur Meister im Anstehen, sie sind auch Meister in der Organisation. Im Großraum Tokio leben rund 38 Millionen Menschen und zur Zeit kommen jährlich etwa 30 Millionen Touristen dazu – Tendenz steigend. Viele dieser Menschen möchten vor allem am Wochenende Ausflüge machen und dies führt natürlich dazu, dass an beliebten Ausflugszielen großes Gedränge herrscht. Japaner sind dies gewöhnt und verhalten sich so, dass die Wartezeiten dennoch so gering wie möglich ausfallen. Sie stellen sich manchmal sogar in selbstgebildeten Schlangen mit imaginären Trennbändern wie am Flughafen oder in Blöcken auf:
Youtube: Scott Farrar „Japan convention queue"

Aufzüge werden immer maximal gefüllt, obwohl Japaner lieber etwas mehr Abstand zu Unbekannten herstellen als weniger, aber es wäre einfach unhöflich den Wartenden gegenüber, auf sein eigenes Wohlbefinden zu achten. Um noch mehr Zeit zu sparen und die Passagiere so schnell wie möglich einsteigen zu lassen, wird vor Ankunft eines stark frequentierten Aufzugs entweder vom Personal abgezählt, wie viele Personen in den nächsten Aufzug einsteigen oder man stellt die Wartenden schon vorher in einen imaginären Aufzug wie hier.

Schwierig wird es manchmal, wenn Ausländer involviert sind: Wir sind es einfach nicht gewöhnt, uns zeitsparend, reibungslos und angepasst an die Umgebung zu bewegen. Folgende Szene habe ich im Tokioter Stadtviertel *Ginza* beobachtet: Ein großer Pulk wartender asiatischer Ausländer vor einem Tokioter Geschäft sah einfach nicht die Notwendigkeit, den Gehweg für weitere Passanten frei zu halten, was bei den japanischen Angestellten des Geschäfts zu gewaltigem Stress führte. Sie wollten den wartenden Kunden gerecht werden, aber auch den Passanten keine Unannehmlichkeiten bereiten. Die Versuche, die Wartenden zu bändigen, führten fast zu einer Schlägerei – bei Schlange stehenden Japanern undenkbar.

Könnte das eine neue *Manga*figur sein?

Warum eigentlich nicht? Im Moment ist PEOPO (PEO von People und PO von Police) das Maskottchen der Tokioter Polizei und sieht zunächst einfach mal Kawaii (süß) aus.

Japaner lieben Dinge, die nett, süß, goldig, freundlich sind. In der japanischen Sprache wird dies durch das Wort *Kawaii* zusammengefasst. Da man gerne etwas mehr Freundlichkeit in den manchmal eintönigen Alltag bringen möchte, haben in Japan Städte, Firmen, Behörden und sogar Gefängnisse ein Maskottchen.

Den Begriff *Kawaii* kennt man in der Zwischenzeit auch im Ausland, er steht für eine typisch japanische Niedlichkeitsästhetik, die alle Lebensbereiche durchzieht. Ausländern erscheint dies oft unpassend, zum Beispiel wenn ein Mann mittleren Alters „Hello Kitty" Kleidung trägt oder Behörden wichtige Schriftstücke mit kindlichen Zeichnungen versehen. Japaner stören sich nicht an solchen Darstellungen. Sie lieben die süßen Maskottchen aller Art und fühlen sich ausgesprochen wohl mit ihnen. Dies führt zu großen Verkaufserfolgen, angeheizt durch kluge Werbemaßnahmen: Seit 2010 gibt es jährlich eine Abstimmung über das schönste Maskottchen in unterschiedlichen Kategorien, z.B. Stadtmaskottchen oder Firmenmaskottchen. Den Figuren, die hier gewinnen, ist hohe Aufmerksamkeit der Medien sicher, was in manchen Jahren zu gewaltigen Verkaufsschlagern führt. Es muss aber auch angemerkt werden, dass die Flut der Maskottchen zu einem Überangebot und mittlerweile auch zu einem Rückgang an neuen Kreationen geführt hat.

Die olympischen Spiele und die paralympischen Spiele 2020 in Tokyo haben natürlich ebenfalls Maskottchen. Sie wurden von Grundschulklassen ausgewählt und sind eine gelungene Verbindung von Tradition und Moderne: Ein wenig Superman und eine Mischung aus Fuchs, Katze und Hund, die allesamt wichtige Tiere der japanischen Volkssagen sind.

Auch japanische Fluggesellschaften und Bahnbetreiber profitieren vom Interesse der weltweiten Fans an bestimmten Figuren: Im Sommer 2018 nahm der *„Hello Kitty" Shinkansen* seinen Betrieb auf. *Shinkansen*, ein Inbegriff japanischer Ingenieurskunst, Zuverlässigkeit und futuristischem Design fusionierte bereits 2015 mit einer japanischen *Anime*serie *„Neon Genesis Evangelion"*. Dieser Zug in lila und grün wurde von der rosa Wohlfühlatmosphäre der Katzenfigur *„Hello Kitty"* abgelöst. Der Zug ist sowohl von außen als auch von innen im rosa Katzendesign gestaltet, inklusive einer Fotoecke mit lebensgroßer *„Hello Kitty"* Figur, die regen Zuspruch findet.

Was bedeuten diese beleuchteten Bäume im Februar?

Dies ist eine Lichtinstallation. Diese sind in ganz Japan seit einigen Jahren sehr beliebt. In Tokio gab es 2018 mindestens 18 davon. Viele dieser Beleuchtungen sind von November bis Februar in Betrieb.

„Wohin am 24.12.?" ist für viele junge Männer im modernen Japan eine bange Frage. Um die Freundin zu beeindrucken, muss ein romantischer Platz dringend gefunden werden und die Lichtindustrie bietet zum Glück eine große Auswahl.

Weihnachten ist für die meisten Japaner natürlich kein religiöses Fest, aber sie lieben es, überall Bäume mit Lichterketten auszustatten. An öffentlichen Plätzen und in Restaurants werden ab November Weihnachtslieder gespielt und in vielen Geschäften gibt es Weihnachtsdekorationen zu kaufen. Daneben ist der 24. Dezember ein sehr wichtiger Tag für junge Leute. Man möchte ihn unbedingt mit einem Partner bei einer romantischen Veranstaltung verbringen und dazu bieten sich nach einem schönen Essen auch die Lichterfeste an.

Seit einigen Jahren sind *„Illumination"* (Lichtinstallationen) in ganz Japan äußerst beliebt. Japaner sind sehr unternehmungslustig und auch immer wieder auf der Suche nach dem Neuen und Besonderen. Die schönsten Orte werden in allen Medien kräftig beworben und es gibt Tipps für besonders romantische Umgebungen. Die Beleuchtungsszene hat ihre eigenen Stars, beispielsweise die international bekannte Lichtdesignerin *Matoko Ishii*.

Man findet diese Beleuchtungen an vielen öffentlichen Plätzen, in Straßen, am berühmten goldenen Tempel in *Kyoto*, am Flughafen *Haneda* und vielen weiteren Stellen. In den Medien kursieren Ranglisten der schönsten Orte und Tipps für einen Besuch dort.

Die Illuminationen zeichnen sich dadurch aus, dass sie die Farben wechseln und bei größeren Installationen werden mehrminütige Shows gezeigt, in denen Phantasiewelten projiziert werden, unterstützt mit Musik und Kunstnebel, z.B. eine Reise in den Weltraum oder die Welt einer berühmten Trickfilmfigur wie der aus der Schweiz stammenden Figur „Pingu".

Die Dauer der Installationen ist sehr unterschiedlich, viele sind bis Mitte Februar zu sehen. Grund dafür ist der Valentinstag am 14.2. Da das Selfie natürlich nicht fehlen darf, gibt es auch immer einen besonders guten Platz für ein Foto, meist direkt neben dem Schriftzug der Veranstaltung.

Einen Eindruck gibt dieses Video auf *Youtube*: ka2see tv: „Shibuya Illumination Blue grotto"

Was ist dieses grüne Etwas in der kleinen Dose?

Es ist kein Wasabi (grüner Meerrettich), wie fast alle Touristen und manchmal auch hier lebende Ausländer vermuten, es ist Teepulver.

Nun sitzt man endlich in Japan im Sushirestaurant am Tresen, sieht das grüne Pulver, hält es für *Wasabi* und schon sind die leckeren Fischhäppchen mit Teepulver bestreut. Da die Kommunikation mit den japanischen Servicekräften meist nicht ganz einfach ist, wundern sich die Japaner zwar gewaltig, lassen uns aber einfach mal machen.

Es ist wahrlich schon viel geschrieben worden über japanisches Essen, die Sitten und Regeln dazu und *Sushi* ist im Ausland mittlerweile so bekannt, dass viele glauben, *Sushi* sei ein Grundnahrungsmittel der Japaner. Deshalb kennen viele Menschen auch *Wasabi* (grünen Meerrettich) und dessen doch sehr durchschlagend scharfe Wirkung. Im Ausland wird Sushi oft mit einer Extraportion *Wasabi* serviert und deshalb denken manche Besucher in Japan, dass dieser zusätzliche Meerrettich einfach dazu gehört und verwechseln es mit dem Tee.

Dieses Teepulver ist zur Selbstbedienung mit Tee gedacht. Am Sitzplatz gibt es in solchen Fällen einen Wasserhahn, aus dem heißes Wasser kommt und man kann sich einfach selbst nach Belieben Tee kochen: Einfach einen kleinen Löffel Teepulver in die am Platz stehende Tasse geben, mit heißem Wasser auffüllen und genießen. Der Tee ist natürlich im Preis für die Sushi inbegriffen, egal wie viel man davon trinkt.

Wer in Japan unterwegs ist, wird sich über die doch recht geringe Anzahl an speziellen *Sushi*restaurants wundern. Natürlich ist *Sushi* etwas sehr japanisches und die meisten Japaner essen diese auch sehr gern, aber gute *Sushi* sind teuer und kaum jemand kann sich dieses Essen mehrmals in der Woche leisten. Viel billiger sind beispielsweise *Ramen* (Nudelsuppe), *Yakitori* (gegrillte Hühnerspieße) oder japanischer Curryreis und diese Restaurants sind deshalb auch wesentlich weiter verbreitet.

Was bedeutet dieses Zeichen?

Dies ist ein spezieller Parkplatz für Rentner in der ersten Reihe auf einem Autobahnrastplatz.

„Opa weigert sich, den Führerschein abzugeben" in letzter Zeit ein Thema in vielen Ländern, Prinz Philipp war 97jährig ein prominenter Unfallfahrer, der dann seinen Führerschein abgab.

In Japan sieht man sehr viele Kennzeichnungen an Fahrzeugen: Es gibt Plaketten für Verkehrsanfänger, die sie für ein Jahr an ihrem Fahrzeug anbringen müssen, unterschiedliche Zeichen für Behinderte: Menschen mit Hörproblemen und Menschen mit körperlichen Einschränkungen und Zeichen für Fahrer über 70. Seit 2016 gibt es auch Plaketten, die Mietwagenfirmen an ihren Wagen anbringen mit dem Hinweis: Der Fahrer ist Ausländer. Dies soll die japanischen Autofahrer zu mehr Rücksichtnahme auffordern.

Die Japaner versuchen, sich auf ihre alternde Gesellschaft einzustellen. Schon sehr lange gibt es hier einen sogenannten „Silbermarkt" mit Produkten für ältere Menschen: Einkaufswagen, die einer Gehhilfe ähnlich sind oder Kommunikationsroboter, die die Menschen zum Singen oder Bewegen animieren. Die Beschäftigungsrate von Senioren ist in Japan sehr hoch. 22,3% der Senioren arbeiteten 2016 in Japan, in Deutschland 6,6%. Dies hat viele Gründe. Zum einen ist der finanzielle Aspekt wichtig, aber die Senioren möchten auch aktiv zur Gesellschaft gehören und etwas zum Gemeinwohl beitragen.

Beim Thema Autofahren erhitzen sich dann und wann die Gemüter der japanischen Medien. Viele Rentner sind sehr rüstig und auf dem Land sind sie auf ein Auto angewiesen, um mobil zu sein. Der japanische Führerschein muss in jedem Alter alle drei Jahre durch einen erfolgreichen Sehtest verlängert werden, aber dennoch sind die Unfallzahlen von Senioren überproportional hoch. 2016 wurde deshalb für über 75jährige ein verbindlicher Führerscheintest eingeführt, der auch die kognitiven Fähigkeiten der Fahrer prüft. Es gibt viele Ideen, die Rentner zur Rückgabe ihrer Führerscheine zu bewegen: Rabattgutscheine bei Restaurantketten, Gutscheine für Friseure, Vergünstigungen bei Bussen und Taxis und sogar eine Rabattaktion eines Bestattungsunternehmens. Was uns vielleicht skurril erscheint, probieren Japaner einfach mal aus.

Fahrer, die über 75 Jahre alt sind, müssen ein spezielles Zeichen ans Auto heften und dürfen auf besonderen Parkplätzen parken. Das auf dem Foto abgebildete Zeichen erinnerte wohl farblich ein bisschen zu sehr an ein welkes Blatt, deshalb wurde nach Protesten das Zeichen 2011 in ein vierfarbiges Kleeblatt verändert, aber die alten Zeichen existieren noch an vielen Stellen.

Welches Getränk wird hier beworben?

Diese Werbung steht für das sehr coole It-Getränk „Highball". Eine Mixtur aus wenig Whisky, viel Sodawasser und klarem Eis. Die Marke Jim Beam ist seit 2014 im Besitz des japanischen Getränkeproduzenten Suntory.

Die beiden bekanntesten japanischen Whiskymarken sind *Suntory* und *Nikka* und ihr Handwerk gelernt haben die Japaner Anfang des 20. Jahrhunderts in Schottland. Die Schotten waren nicht so glücklich darüber und schrieben über *Masataka Taketsuru*, der zwischen 1918 und 1920 in Schottland lebte und sich dort die Besonderheiten der Whiskyherstellung aneignete: Er stahl unseren Whisky und eine schottische Frau.

Japanischer Whisky ist unter Kennern längst kein Geheimtipp mehr. Seit Jahren gewinnt er immer wieder Preise bei internationalen Wettbewerben. Bei Blindverkostungen werden die japanischen Single Malts oft besser bewertet als die schottischen Konkurrenten.

2015 exportierten die japanischen Destillerien Whisky im Wert von 89 Millionen Euro. Bereits 2003 muss im sehr erfolgreichen Spielfilm von Sophia Coppola „Lost in Translation" der Schauspieler Bill Murray immer wieder einen Werbespot für japanischen Whisky drehen und den Slogan „It´s Suntory time" aufsagen. Zu dieser Zeit lag japanischer Whisky noch wie Blei in den Regalen, niemand wollte ihn so recht trinken. Der weltweite Boom setzte ein, als 2014 die „Whisky Bibel" von Jim Murray den *Yamazaki* Sherry Cask 2013 als weltweit besten Whisky dieser Kategorie auszeichnete. Ab diesem Zeitpunkt häuften sich die Auszeichnungen und jeder wollte plötzlich japanischen Whisky trinken. In der Zwischenzeit sind viele Whiskys auch in Japan vergriffen, an den beiden Tokioter Flughäfen stehen von den mittleren und hochpreisigen Sorten, etwa *Hibiki* von *Suntory*, schon lange nur noch Ansichtsexemplare in den Duty-Free-Shops. Vielleicht ist dieser Erfolg ein Grund, weshalb ein in Japan längst vergessenes Getränk plötzlich wieder so populär ist: Der Highball.

Vor allem im Sommer ist er ein sehr beliebtes und erfrischendes Getränk. In der Nachkriegszeit gab es eine Alkoholrationierung und da der Highball wenig Alkohol beinhaltet, war er sehr populär. Später geriet er in Vergessenheit und galt als Getränk für ältere Männer. Seit den 2010er Jahren gilt er plötzlich wieder als cooles Szenegetränk und man kann ihn in fast jeder Bar erhalten. Die Zubereitung klingt einfach, aber wie immer liegt der Teufel im Detail. Hier wird erklärt, was einen guten Highball ausmacht, beispielsweise ein sehr hochwertiges Eis: *Youtube*: Distinguished spirits:„Japanese highball"

Was verbirgt sich hinter diesem Schild, das die Aufschrift „Snack" trägt?

Tokio ist voller Cafés, Restaurants und Bars, aber darüber hinaus gibt es einige Treffpunkte, die es in anderen Ländern nicht gibt, z.B. die Snackbars, die viel bieten, aber praktisch keine Snacks.

Ein Freund beim Auschecken im Hotel: „Hier stimmt etwas nicht, 50 Euro? Ich hatte doch nur zwei Bier in der Bar." „Ja, aber Sie hatten charmante Bedienung, für die Sie zahlen mussten."

In Japan soll es laut Statistik 107.000 Snackbars geben. Dies zeigt, wie populär sie sind. Vor allem Männer im besten Alter, aber auch viele Frauen gehen in eine Snackbar, um sich vor allem sehr freundlich bedienen zu lassen und viel Spaß beim Trinken und Karaoke singen zu haben. Mahlzeiten gibt es oft nur in Form von Nüssen und Crackern. Neben der oft schon betagten Besitzerin arbeiten meist noch jüngere Frauen hier, die den Gästen ständig die Gläser füllen, das Kondenswasser von den Gläsern wischen, die Zigaretten anstecken (ja, in japanischen Kneipen darf auch im Jahr 2019 noch geraucht werden), mit ihnen plaudern und witzeln und für eine gute Atmosphäre sorgen.

Diese Art der Unterhaltung mit gemeinsamem Trinken, Singen und albern sein wird in Japan seit Jahrhunderten gepflegt und ist eine einfachere und erschwinglichere Form der von Geishas gebotenen Unterhaltung.

1964 wurde in Japan ein Gesetz erlassen, das es verbot, Etablissements für Erwachsene länger als bis 24:00 Uhr geöffnet zu lassen. Snackbarbetreiber argumentierten, dass sie ihren Besuchern vornehmlich leichte Snacks bieten und schufen somit eine eigene Restaurantkategorie, die das Gesetz umging. Ihren Höhepunkt hatten sie in der Zeit der Bubble Economy in den 80ern und vielen dieser alten Snackbars sieht man dies heute auch an. Man sollte sich aber vom Dekor und dem meist fortgeschrittenen Alter der Besitzerin nicht täuschen lassen: Es ist teuer! Eine Stunde kostet oft 5.000 Yen (rund 40 Euro) und die Getränke kosten natürlich extra.

Es gibt sehr viele Snackbars, die vor allem von Stammkunden besucht werden. Diese Stammkunden haben ihre eigene Flasche Whisky oder *Shouchuu* (japanischer Branntwein) im Regal hinter der Theke stehen und sie kommen sehr regelmäßig vorbei, um aus ihrer Flasche bedient zu werden. Diese eigene Flasche soll den Kunden das Gefühl von Nach-Hause-kommen vermitteln und sie natürlich zum Wiederkommen bewegen. Fremde werden nicht immer so ganz gerne gesehen, aber man sollte sich nicht so leicht abweisen lassen. Um eine Snackbar zu finden, müssen Sie in der Regel nach diesen *Katakana*zeichen suchen スナック

Was ist der Zweck dieser Wagen?

Diese kleinen Schiebewagen sind für Hunde gedacht, da in Japan die Tiere an vielen Orten nicht laufen dürfen.

„Oh je, diese Person schiebt ihr Ersatzkind durch die Stadt, wie seltsam und traurig. Na ja, man kann ja überall lesen, dass die Japanerinnen kaum noch Kinder bekommen." Das ist die typische Reaktion des Ausländers, wenn er einen Japaner oder Japanerin sieht, die einen kleinen Wagen schiebt, der wie ein Kinderwagen aussieht, in dem aber ein Hund sitzt.

Wenn man aber aufmerksam durch die Stadt läuft, sieht man plötzlich Schilder, auf denen beispielsweise steht: „Pets ok! Put your pet in a cage!" Dieses Schild haben wir auf dem Gartengelände hinter einem eleganten Einkaufskomplex gesehen. Natürlich ist es auch in vielen Gebäuden verboten, mit Hunden einzutreten, es sei denn, der Hund sitzt in einem Wagen oder wird getragen. Eine japanische Freundin besitzt zwei kleine Dackel, die sie in ihrer Wohnung halten darf, die aber die Orte, die von allen Hausbewohnern genutzt werden, wie Flur und Aufzug, nicht betreten dürfen. Also packt sie ihre Hunde in Umhängetaschen und trägt sie auf die Straße beziehungsweise in die Wohnung. In manchen Gebäuden gibt es einen speziellen Aufzug, den man benutzen muss, wenn man mit Hunden unterwegs ist. Es gibt auch kaum Cafés und Restaurants, die man mit Hund betreten darf, wenn man viel Glück hat, darf man mit Hund die Terrasse benutzen.

Trotz all dieser Hindernisse halten sehr viele Japaner einen Hund und es gibt skurrile Produkte zu kaufen, wie Hundetoiletten für die Wohnung, Hundemöbel oder einen Übersetzer, der verspricht Hundesprache zu übersetzen. Ein weiteres Produkt, das ein Verstehen des Vierbeiners ermöglichen soll, ist *Inupathy* (von *Inu*-Hund und *pathy*-Empathie), ein Halsband, das durch unterschiedliche Färbung die seelische Stimmung des Hundes anzeigt *Youtube*: Inupathy Dog's mental visualizer.

Es gibt im Bäder liebenden Japan natürlich auch spezielle *Onsen* (heiße Quellen) für Hunde. Etwa 100 km von Tokio entfernt ist ein Hundepark entstanden, der *Wanwan land* (Wauwau Land) heißt. Dort gibt es viele Aktivitäten rund um den Hund.

Viele Japaner sind natürlich auch Katzenbesitzer. Die weltweit wohl berühmteste Katze ist *Maru*, sie steht im Guinessbuch der Rekorde für die vielen Klicks, die sie auf Youtube erhalten hat. Es gibt hunderte lustige Videos von *Maru*, für die keine Schachtel zu groß oder zu klein ist, um sie auszuprobieren.

Was bedeuten diese Pfeile?

Diese Pfeile sind in einem 24Stunden-Supermarkt auf den Boden gezeichnet und sollen den an der Kasse anstehenden Kunden den rechten Weg zum Schlange stehen weisen.

Wenn man in Japan unterwegs ist, vergeht kaum ein Tag, an dem man nicht irgendwo eine mehr oder weniger lange Menschenschlange anstehen sieht. Der neugierige Ausländer versucht, dann und wann herauszufinden, was denn das Ziel des Anstehens ist und wundert sich über die zahlreichen Möglichkeiten.

Zunächst sind da einmal die Warteschlangen an Restaurants oder gerade angesagten Cafés und Imbissen. Nach dem Prinzip, das wohl auf der ganzen Welt gilt: Wo viele Menschen essen möchten, muss es gut sein. Auch wenn die Schlangen lang sind, muss man nicht gleich aufgeben, da natürlich alles organisiert ist. Man trägt sich auf einer Liste ein und erfährt, wie lange es dauern wird. Japaner nehmen auch hier sehr viel Rücksicht auf ihre Mitmenschen und bleiben nur so lange sitzen, wie es nötig ist. Gleich nach dem Essen zahlt man und macht Platz für die geduldig Wartenden.

Im neu eröffneten größten Starbucks der Welt im Stadtteil Nakameguro beträgt die Wartezeit am Wochenende fünf Stunden. Alles ist perfekt organisiert: Man zieht ein Ticket und kann online verfolgen, wie lange es noch dauern wird.

Angestanden wird auch für Popstars, Eintrittskarten, neue und coole Produkte, bei besonderen Verkaufsaktionen und, ehrlich gesagt, gefühlt eigentlich immer und überall. Nicht zu vergessen, dass man auf Bahnsteigen und an Bushaltestellen immer anstehen muss, was sich mitunter als schwierig herausstellt, da es für verschiedene Züge auf demselben Bahnsteig verschiedene Schlangen geben kann.

Schon im zarten Alter von drei Jahren stand die Tochter eines japanischen Freundes mit ihren Eltern in Tokyo Disneyland eine Stunde an, um ein Foto mit Mickey Mouse zu ergattern. Als es endlich geschafft war, beschloss sie, nun noch einmal ebenso lang anzustehen, um sich auch mit Mini Mouse fotografieren zu lassen, was die Eltern verzweifeln ließ.

Bereits zwei Personen stellen eine Schlange dar, die dringend einer Anstellregel bedarf und so wird der eventuell falsch Stehende darauf hingewiesen, wo er stehen soll. Natürlich gibt es auch sehr lange Schlangen und auch wenn es keine Absperrbänder wie am Flughafen gibt, wissen Japaner, wie sie sich anstellen müssen, um möglichst wenig Platz zu verbrauchen und die übrigen Passanten nicht zu stören. Im Rest der Welt wohl eher schwierig.

Wozu dient dieser Korb unter dem Restauranttisch?

Dies ist ein Korb für das mitgeführte „Gepäck". In erster Linie die Handtaschen der Damen, aber auch für Einkaufstaschen oder Jacken gedacht.

Taschen auf den Fußboden stellen, vielleicht sogar die sehr teure europäische Markenhandtasche? Niemals!

In fast allen Kneipen und Restaurants in Japan stellt der Kellner sofort eine Ablagemöglichkeit neben oder unter den Tisch, wenn man Einkaufstaschen und Handtaschen bei sich hat.

Schmutz bereitet Japanern großes Unbehagen und öffentliche Plätze, Wege, Züge oder Restaurants gelten als nicht sauber, auch wenn der Boden in japanischen Bahnen wie geleckt aussieht, selbst wenn diese schon den ganzen Tag im Einsatz sind. Früher war es auch üblich, in öffentlichen Verkehrsmitteln als sitzender Fahrgast die Taschen von den in der Nähe stehenden Unbekannten auf die Oberschenkel gestellt zu bekommen, damit der Stehende wenigstens seine schweren Taschen nicht festhalten muss. Heute gibt es das nicht mehr, aber es zeigt das allgemeine Grundbedürfnis der Japaner, Schmutz dringend zu vermeiden und diesen auch keinesfalls in das eigene Haus mitzunehmen. Gut erzogene Japaner ziehen deshalb auch ihren Mantel aus und legen ihn gefaltet über den Arm, bevor sie ein Haus betreten. Das Ausziehen der Schuhe vor Betreten eines Hauses, aber auch an vielen anderen Orten wie Tempeln, manchen Restaurants, Badehäusern ist natürlich ebenfalls selbstverständlich und dem Wunsch nach reinen Orten geschuldet.

In öffentlichen Toiletten gibt es häufig eine Art Plattform, die an die Wand geklappt ist. Diese ist für Benutzer gedacht, die entweder viel Gepäck abstellen möchten oder die sich umziehen möchten. In solchen Fällen klappt man diese Plattform auf den Boden und kann entweder sein Gepäck oder sich selbst auf sauberen Grund stellen, natürlich nur in Socken und niemals mit Schuhen.

Was bedeutet dieses Schild an der Autobahn?

Dieses Schild habe ich etwa 100 km entfernt von Tokio an einer Autobahn fotografiert. Es warnt vor Bären, Tanuki und Affen.

Dass es in Japan die süßen Makaken gibt, die im Winter gerne in den heißen Quellen baden, hat sich im Westen schon herumgesprochen, aber von der Existenz vieler anderer Tiere in Japan haben wir meist noch nichts gehört.

Der Tanuki ist ein Marderhund, der zwar Ähnlichkeit mit europäischen Mardern hat, aber tatsächlich ein Hund ist. Tanuki breiten sich seit einiger Zeit auch in Europa stark aus. In Japan sind sie selten geworden, erfreuen sich aber bereits in alten Märchen und Fabeln sehr großer Beliebtheit. Sie werden hier als raue und gefährliche Gesellen beschrieben, die mit übernatürlichen Kräften den Menschen große Probleme bereiten können. Heute gilt der Tanuki als niedlich, freundlich und vergnügt. In vielen Gegenden werden Tanuki auch in allen Größen aus Ton gefertigt und vor Häusern und Restaurants aufgestellt. Selbst Supermario kann sich mit Hilfe eines Blattes in einen Tanuki verwandeln.

Braunbären und Kragenbären gibt es in Japan ebenfalls in vielen Gegenden und da die modernen Japaner verlernt haben, dass wilde Tiere keineswegs *Kawaii* (niedlich) sind, sondern gefährlich, häufen sich Unfälle. Bei einer Reise nach *Hokkaido* gab es plötzlich Rufe in einer Touristenansammlung „*Kuma da*" (da ist ein Bär), alle blickten und zeigten in eine Richtung, dort war ein Bär aus dem Wald gekommen und unverzüglich starteten viele der Anwesenden dann, in Richtung des Bären zu laufen, als sei dort ein knuffiges Stofftier zu fotografieren.

Die Makaken haben sich zu wahren Landplagen entwickelt. Touristen füttern sie gerne und die klugen Tiere haben gelernt, dass die großen Zweibeiner meist etwas zu essen bei sich haben. Selbst vor einem Sprung in ein im Stau stehendes Auto schrecken sie nicht zurück. Auch unser Auto war einmal der Ort eines Affenüberfalls, natürlich aus eigener Unachtsamkeit heraus entstanden. Es gibt aber auch wahre Affenrollkommandos, die in den Bergen in Süßigkeitengeschäfte einfallen und diese plündern. Die Bewohner dieser Gegenden haben meist aufgegeben, sich gegen die ungebetenen Gäste zu wehren und versuchen, sich so gut es geht zu schützen.

Was fährt denn hier durch Tokios Häuserschluchten?

Ein neuer Trend geht um in Tokio: Rundfahrten durch die Stadt mit Go-Carts und unterschiedlichen Kostümen. Im Internet finden sich überwiegend begeisterte Stimmen.

Die ist wirklich mal etwas Besonderes: Auf dem Go-Cart durch die Großstadt düsen in witzigen Kostümen. Viele Passanten bleiben stehen, fotografieren und winken und man fühlt sich wie ein Star. Allerdings ist Tokio nach wie vor mitten in Japan und einfach Tour buchen und losfahren geht natürlich nicht. Zunächst müssen bei einigen Herkunftsländern, Deutschland gehört leider auch dazu, einige bürokratische Hürden überwunden werden. Man muss beispielsweise im Besitz eines in Japan anerkannten Führerscheins sein. Das bedeutet, dass der ausländische Führerschein übersetzt werden muss, was im günstigsten Fall zwei Stunden dauert. Wenn diese Hürde überwunden ist, kann der Spaß beginnen. Glaubt man den Bewertungen im Internet „Höhepunkt unserer Reise", „Man fühlt sich wie ein Star", dann macht dieser zwei- bis dreistündige Trip tatsächlich sehr viel Spaß. Die Fahrer brausen mit 60-70 km/h über die Straßen, was angesichts der fehlenden Sicherheitsmaßnahmen wie Sturzhelme oder Sicherheitsgurte ordentlich schnell ist, aber sichtlich großen Spaß bereitet.

Wenn man in den bekannten Vierteln Tokios unterwegs ist, sieht man fast immer Gruppen unterschiedlicher Größe. Manchmal wird der Konvoi von einem dreirädrigen TukTuk im thailändischen Stil begleitet, in dem beispielsweise die Kinder der Fahrer oder Gäste ohne eigenen Führerschein untergebracht sind.

Im Sommer 2018 hat die Firma Nintendo allerdings einen Prozess gegen den größten Anbieter dieser Touren gewonnen und es wurde verboten, die Fahrer mit Kostümen auszustatten, deren Rechte bei Nintendo liegen. Den Tour-Betreiber scheint dies nicht weiter zu beunruhigen: Die Go-Carts sind weiterhin unterwegs und so winkt dem Passanten an der Ampel immer noch ein freundlicher Super Mario, Pikachu oder Superman begeistert zu.

Was verbirgt sich hinter diesen Türen?

Man mag es manchmal kaum glauben, da in Japan durchaus ein Turbokapitalismus herrscht, aber an manchen Stellen zählen eben doch andere Dinge: Hinter diesen Türen befinden sich gut versteckte Restaurants, so genannte Kakurega.

Während man im Rest der Welt am liebsten so viel Geld wie möglich verdient, indem man viele Gäste hat und Kunden möglichst viel verkauft, wundert man sich als Ausländer in Japan doch das eine oder andere Mal über unerwartetes Verkäuferverhalten.

Diese Restaurants verstehen sich als Gralshüter der japanischen Küche und es sollen möglichst gar nicht so viele unbekannte Gäste kommen. Man hat einen Kundenstamm von regelmäßig wiederkommenden Gästen und neu Hinzukommende haben es mitunter schwer. Vor allem Ausländern wird erst einmal auf den Zahn gefühlt und ohne Japanischkenntnisse wird man sehr höflich aber deutlich gebeten, vielleicht doch lieber nebenan ins Fließbandsushirestaurant auszuweichen. Die Köche und Inhaber der versteckten Restaurants legen allergrößten Wert darauf, dass den Gästen die Erlesenheit ihrer Speisen und die Besonderheit der Zubereitung bewusst ist, sie all das zu schätzen wissen, Kenntnis haben, wie man die Speisen isst und vor allem, dass man nichts zurückgehen lässt. Da wir Ausländer ja gerne mal insistieren, genau wissen wollen, was uns vorgesetzt wird und mitunter auch ohne mit der Wimper zu zucken, bestimmte Speisen nicht anrühren, möchte man Konflikte dieser Art vermeiden. Allerdings hat uns ein Koch kürzlich ziemlich betrübt gesagt, dass neuerdings auch Japaner Speisen einfach zurückgehen lassen und man deshalb insgesamt doch lieber auf die Stammkundschaft setzt.

Ein weiteres Beispiel dieser Art „Kundenabwehr" kommt aus dem Handel: Zu Weihnachten wollte ich sechs Exemplare einer neuen Hautpflegeserie kaufen und verschenken. Also legte ich die Packungen in meinen Korb und ging zur Kasse. Die Verkäuferin holte sich aber zunächst über ein Mikrofon und einen Knopf im Ohr die Erlaubnis, mir so viele identische Waren verkaufen zu dürfen. Das mutet seltsam an, aber der Gedanke, der dahinter steckt ist: Wenn weitere Kunden dieses Produkt kaufen möchten, sollen diese nicht leer ausgehen. In Zeiten von jährlich stärker anschwellendem Tourismus in Japan geht auch die Angst vor Wiederverkäufern aus Asien um, die Hamsterkäufe machen und diese gewinnbringend weiter verkaufen.

Was ist das und wo ist es aufgestellt?

Dies ist ein Desinfiziergerät für Hausschuhe und es steht in einem Katzencafé, wo man natürlich aus hygienischen Gründen die Straßenschuhe vor dem Betreten ausziehen muss.

Da möchte man nur einmal kurz einen Blick in eines der legendären japanischen Tiercafés werfen und schon gilt es erst einmal, das Regelwerk zu befolgen, zu dem das Ausziehen der eigenen Schuhe und das Tragen von Hausschlappen gehört. Sofort stellt sich die bange Frage: Wer hatte sie vor mir an? Schlappen anzuziehen, die bereits von vielen anderen Menschen getragen wurden, vielleicht sogar barfuß, schreckt uns, aber auch viele Japaner.

Hygiene ist in Japan äußerst wichtig und den Japanern ein Grundbedürfnis. Verankert ist dies auch in den Religionen und in der Sprache. Das Wort *„Kirei"* bedeutet sowohl schön als auch sauber. Im Schintoismus gibt es viele Reinigungsrituale, beispielsweise sollte man sich vor dem Betreten eines Schreins die Hände abspülen und den Mund ausspülen. *Sumo*ringer reinigen den Kampfplatz durch das Werfen von Salz und sich selbst durch Ausspülen des Mundes, was den Ritualen vor dem Betreten des Schinto-Heiligtums gleicht. Sehr häufig sieht man auch Salz am Eingang von Restaurants, manchmal einfach als kleines Häufchen auf der Türschwelle, um das Gebäude von bösen Geistern reinzuhalten.

Es gibt unzählige Produkte, die dem großen Wunsch nach Hygiene und Sauberkeit geschuldet sind: Bakterienresistente Handgriffe am Fahrrad, antibakterielle Taschenrechner, Karaoke Mikrophone zum Wegwerfen, Socken, die versprechen, Geruch und Fußpilz verschwinden zu lassen, Handläufe an Rolltreppen, die antibakteriell sind und vieles mehr. Wer den oft eingebauten antibakteriellen Lenkrädern nicht traut, lässt bei einem Gebrauchtwagen alle Teile austauschen, die der Vorbesitzer angefasst hat, was in Japan eine völlig normale Maßnahme ist, bevor Gebrauchtwagen zum Verkauf angeboten werden. Aus Geldautomaten in Japan erhält man nur Scheine, die wie neu aussehen und sich auch so anfühlen. Das Geheimnis ist, dass das Geld durch Erhitzen gereinigt und dann geglättet wird. Bei Hochzeiten sind Geldgeschenke ein Muss, natürlich unbedingt makellos saubere Scheine, die wie neu aussehen.

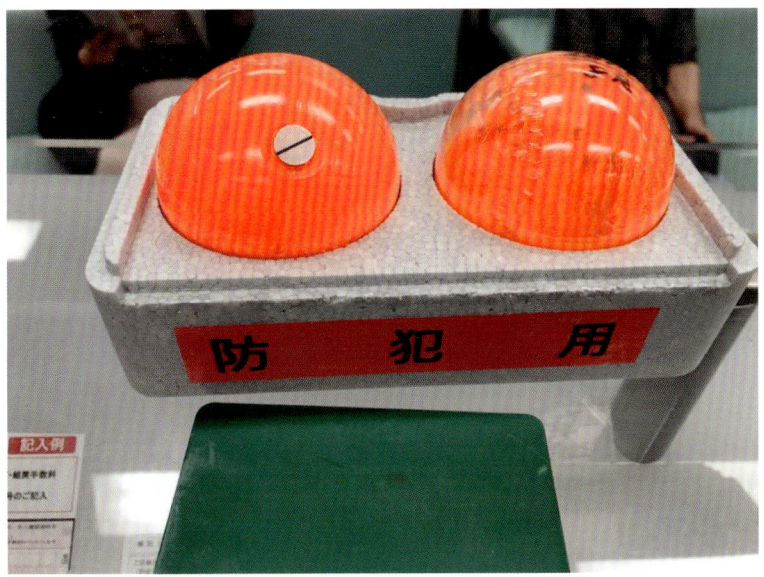

Wo findet man diese mysteriösen roten Bälle und zu welchem Zweck dienen sie?

Diese Bälle sollen der Verbrechensbekämpfung dienen und finden sich in Banken und manchen Geschäften. Einfach auf den Dieb werfen und schon ist er dank der fluoreszierenden Farbe für die Polizei erkennbar.

Ob die Einweisung in einem japanischen Kleinsupermarkt am ersten Arbeitstag wohl so abläuft? „Was soll ich machen, wenn mir jemand in die Kasse fasst und das ganze Geld stiehlt?" „Dann nehmen Sie diesen roten Ball, rennen hinter dem Räuber her und werfen ihn auf die Person oder das Fluchtauto. So kann die Polizei schon von weitem sehen, dass hier ein Dieb flüchtet."

Japan ist ein sehr sicheres Land. Im Jahr 2015 gab es statistisch die wenigsten Verbrechen seit dem zweiten Weltkrieg und damit ist Japan eines der sichersten Länder der Welt. 70% der kriminellen Vorfälle sind Diebstähle. Es gibt sehr wenige Tötungsdelikte im internationalen Vergleich. Dies ist sicher auch ein Ergebnis des extrem strengen Schusswaffengesetzes. In Deutschland kommen statistisch gesehen 30 Schusswaffen auf 100 Einwohner, in Japan 0,6 Waffen auf 100 Einwohner. Der Grund dafür ist, dass es nur sehr wenigen Personen, wie Jägern oder Polizisten erlaubt ist, eine Waffe zu besitzen. Waffenbesitzer werden regelmäßig mental und körperlich kontrolliert, ob sie fähig sind, diese Waffen ordnungsgemäß aufzubewahren und zu benutzen. Der Gedanke hinter diesen Regelungen ist: Je weniger Schusswaffen, umso weniger Verbrechen. Die Strafen für illegalen Waffenbesitz sind so drastisch, dass es selbst den kriminellen Banden zu gefährlich ist, damit erwischt zu werden. 2016 starben acht Japaner durch eine Kugel, in den USA gab es 2012 etwa 11.000 Morde und 22.000 Selbstmorde durch Schusswaffen.

Wenig Armut, wenig Arbeitslosigkeit und scharfe Drogengesetze sind sicher auch Gründe für eine relativ geringe Kriminalität. Dazu kommt in Japan eine Kultur, in der Aggression und Wut sehr schlecht angesehen sind. Wenn jetzt also unerwarteterweise doch einmal ein, hoffentlich unbewaffneter Dieb kommen sollte, dann ist dieser rote Abwehrball zur Stelle. *Youtube*: stippy.com „only in Japan" Series – Orange Ball

Orchideen vor einem Restaurant, was könnten sie bedeuten?

Diese Orchideen sind Geschenke von befreundeten Unternehmen, um bei Neueröffnungen, Jubiläen oder anderen positiven geschäftlichen Veränderungen Glückwünsche zu senden.

Sehr häufig sieht man vor Geschäften und Restaurants diese prachtvollen Blumengebinde stehen. Meist sind es Orchideen, die in der hier abgebildeten Größe etwa 250,- Euro kosten. Japanern ist die Beziehungspflege zwischen Geschäftspartnern sehr wichtig und dazu gehört es auch, zur richtigen Zeit die richtigen Geschenke zu machen.

Sowohl vor öffentlichen Gebäuden wie Restaurants oder Ladengeschäften als auch in japanischen Büros ist es seit der Zeit der Immobilienblase in den späten 80er Jahren üblich, bei bestimmten Anlässen Orchideen zu schicken, z.B. bei personellen Veränderungen im Vorstand, dem Bezug neuer Räumlichkeiten, nach umfassenden Renovierungen oder bei Börsengängen. Durch diese Geschenke wird die Beziehung gefestigt und Gegengeschenke zu gegebener Zeit werden natürlich zwingend erwartet.

Diese Orchideen sind das ganze Jahr hindurch in guter Qualität zu erhalten und jeder weiß, was das Geschenk gekostet hat. Dies macht das Rückgeschenk zum selben Wert sehr einfach. Laut der Japanese Flower Auction Association wurden 2015 1,9 Millionen solcher Blumentöpfe verkauft. Durch ihre lange Haltbarkeit symbolisieren sie den Wunsch nach einer lange anhaltenden Beziehung zwischen dem Schenkenden und dem Beschenkten. In wirtschaftlich schlechten Zeiten werden allerdings aus Spargründen eher Glückwunschtelegramme verschickt.

Welches Produkt kann man hier kaufen?

Dies sind Klebebärte für den modernen Mann mit dem Wunsch nach Gesichtsbehaarung.

Der westliche Hipster trägt als Ausdruck seiner Männlichkeit seit einigen Jahren gerne Vollbart, häufig als zotteligen Rauschebart in wilder Dichte und Länge. Ein ordentlich starker Bartwuchs ist hierfür natürlich zwingend notwendig. Wenn sie diesem Trend folgen möchten, fängt für viele Japaner hier leider das Problem an, da sie oft einen spärlichen Bartwuchs haben und sich deshalb ein Vollbart von vornherein verbietet. Aber es gibt zum Glück Abhilfe durch weitblickende Hersteller: Künstliche Bärte zum Ankleben. Diese Klebebärte finden sich in manchen japanischen Drogerieabteilungen direkt neben Rasierklingen und Rasierschaum. Sie versprechen eine sehr schnelle Anwendung, natürliches Aussehen, keine Probleme beim Essen, Duschen und Schwitzen, sowie eine Tragedauer von bis zu fünf Tagen.

In Japan sieht man sehr selten Bärte, denn Bartträger gelten in der Geschäftswelt als seltsam und verschroben, in vielen Firmen sind Bärte deshalb auf Japanisch schlicht „NG", ein No-Go. Da es zahlreiche Prominente vormachen, gilt es aber vielen jungen Japanern als cool, Koteletten oder einen kleinen Bart zu tragen, deshalb sind sie und die Industrie erfinderisch. Man lässt einfach die Kopfhaare vor den Ohren länger wachsen und drapiert sie als Bartkoteletten und kauft sich als Bartersatz solche Attrappen.

Diese sind nicht ganz billig: circa 15 Euro kostet der Spaß, aber wenn Mann sich attraktiver fühlt, ist es das Geld offensichtlich wert. Es gibt sechs Modelle und immer sind die beliebtesten ausverkauft. Wenigstens in der Freizeit möchten sich viele japanische Männer offenbar optisch verändern und sich dadurch besser aussehend fühlen.

**Vielen Dank allen,
die mich wieder so großartig unterstützt haben.**

Allen voran mein Mann Klaus,
der nie die Geduld mit mir verliert
und mir immer zur Seite steht.

Meine Familie,
die mich immer unterstützt.

Vicky Möller,
die den schönen Titel beigesteuert hat.

Mein Verlag Königshausen & Neumann,
der mir alle Freiheiten lässt.

Die Stammkunden und das Team im Joe in Nishiazabu,
die mir immer geduldig alle Fragen beantworten.

Masayo Hirai,
die sich immer Zeit für mich nimmt.

Bereits bei K&N erschienen

Rita Menge studierte Germanistik, Geschichte und Kunstgeschichte und war nach Abschluss ihres Magisterstudiums als Produktmanagerin im Verlagswesen erfolgreich. Im Anschluss daran arbeitete sie fünf Jahre in Japan als Dozentin an Universitäten und in Firmen und entdeckte ihre Leidenschaft für die japanische Sprache und Kultur. Dies ist ihr erstes Buch über Japan, das nun in aktualisierter Form in zweiter Auflage vorliegt. Seit über 20 Jahren ist Rita Menge ihrem Gastgeberland eng verbunden und seit 2017 lebt sie erneut in Tokio. Sie berät zahlreiche internationale Firmen in Fragen interkulturellen Managements, hält Workshops zur Zusammenarbeit, erteilt Sprachunterricht und steht auch bei besonderen Projekten ihren Kunden beratend zur Seite. Höchste Zeit also für ein Buch, das alle umfassend in Kenntnis setzt, die geschäftlich oder privat Kontakte mit Japan pflegen und die sich schnell und umfassend informieren wollen. Alle Kapitel sind einheitlich strukturiert, mit Bemerkungen über die deutsche und die japanische Sicht versehen. Sie enthalten viele reale Fälle aus der Praxis und konkrete Verhaltensstipps. Zahlreiche Beispiele und häufige Fragen aus durchgeführten Seminaren werden von der Autorin kommentiert. Daran schließen sich Empfehlungen zum Business-Know-How an, aber auch zu Themen wie Religion, Essen und Trinken, Geschenkverhalten wird Hilfestellung gegeben: Präzise erklärt und schnell und einfach nachzuschlagen.

188 Seiten | **ISBN 978-3-8260-6402-9**

Verlag Königshausen & Neumann GmbH · Postfach 6007 · D-97010 Würzburg
Tel. (09 31) 32 98 70-0 · Fax (09 31) 8 36 20 · www.koenigshausen-neumann.de

Bereits bei K&N erschienen

Wie sieht Deutschland Japan und wie sieht Japan Deutschland? Anhand von gegenübergestellten Piktogrammen wird hier dieser Frage nachgegangen und eine humorvolle Kulturvermittlung geschaffen. Es gibt trotz der allgegenwärtigen Globalisierung grundlegende kulturelle Unterschiede im Denken und Handeln von Japanern und Deutschen. In diesem Buch werden sie dem Betrachter anregend und schnell verständlich näher gebracht werden. Viele Themen aus Beruf und Freizeit finden Raum: z.B. Wie wird mit Kunden umgegangen? Welche Stellung hat der Chef? Werden Gefühle gezeigt? Wie wichtig ist der Schlaf? Wie ist der moderne Wohnwunsch? Was versteht man unter Wellness? Lassen Sie sich von den gelungenen Zeichnungen überraschen, amüsieren, irritieren und zum Nachdenken anregen.

98 Seiten | **ISBN 978-3-8260-4771-8**

Verlag Königshausen & Neumann GmbH · Postfach 6007 · D-97010 Würzburg
Tel. (09 31) 32 98 70-0 · Fax (09 31) 8 36 20 · www.koenigshausen-neumann.de

Bereits bei K&N erschienen

Japan polarisiert! Man liebt oder hasst es, findet es cool oder uncool, dazwischen gibt es nichts. Widersprüche, wohin man schaut. Je länger man sich mit Japan beschäftigt, umso mehr fällt auf, dass man nach einem Monat ein Buch schreiben kann, nach einem halben Jahr einen Aufsatz und nach einem Jahr überhaupt nichts mehr versteht. Da lebt man in einem Land, das bekannt ist für innovative Erfindungen und holt sich im Winter Frostbeulen, da die Isolierung bei Wohnräumen noch nicht erfunden scheint. Die öffentlichen Verkehrsmittel sind die sichersten und pünktlichsten der Welt, aber Taxifahrer sind oft über 70, sprechen kein Englisch und Ortskenntnisse sind für sie ein Fremdwort. So gibt es zahlreiche Dinge, die uns in Verwirrung stürzen und für die wir Japan lieben oder hassen. Entscheiden Sie selbst, ob Japan für Sie cool oder uncool ist.

140 Seiten | **ISBN 978-3-8260-5817-2**

Verlag Königshausen & Neumann GmbH · Postfach 6007 · D-97010 Würzburg
Tel. (09 31) 32 98 70-0 · Fax (09 31) 8 36 20 · www.koenigshausen-neumann.de